京都愛宕山と火伏せの祈り

八木透 編

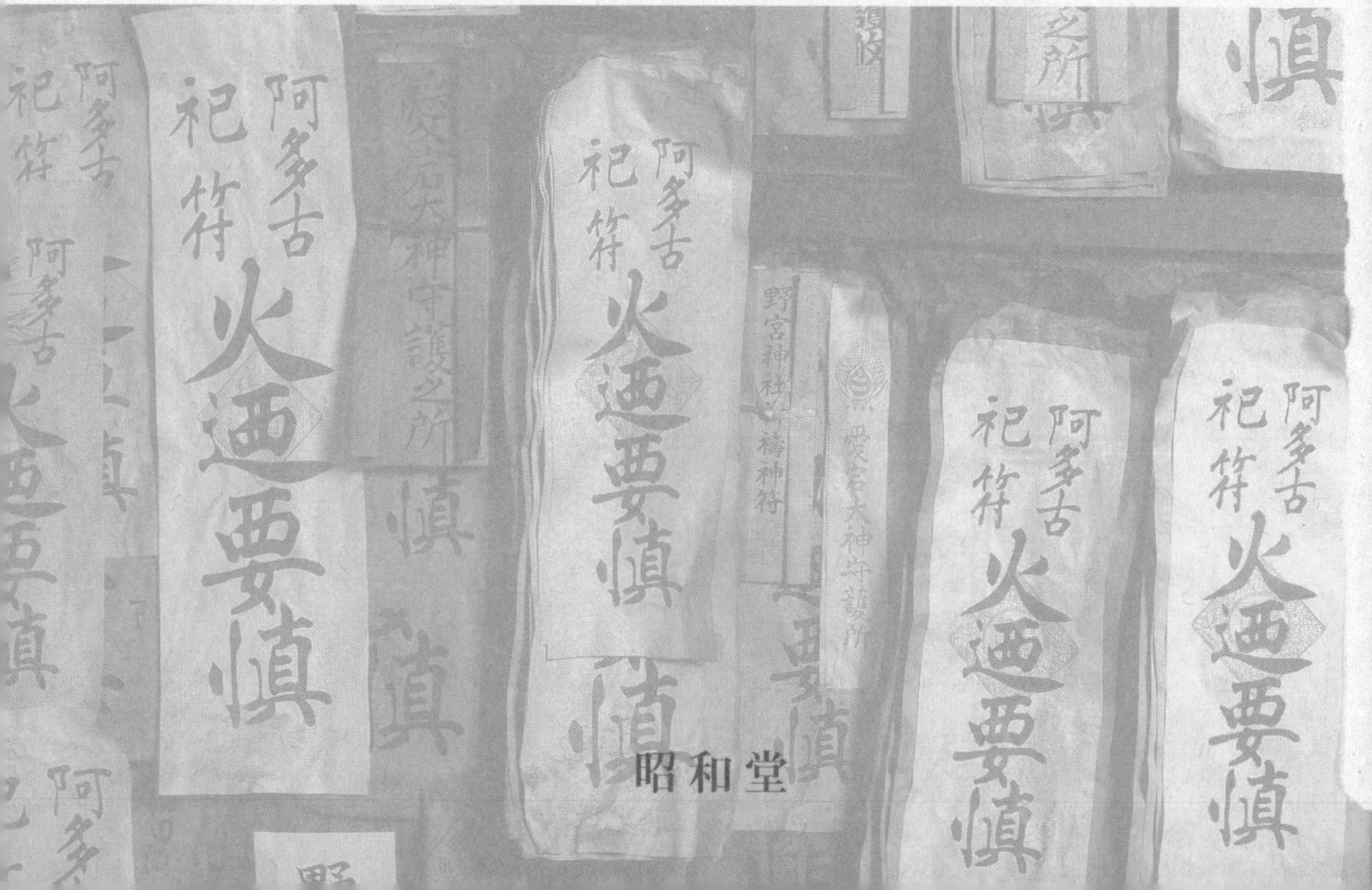

昭和堂

鳥居本平野屋のおくどさん

新緑の愛宕神社上空

社務所前

本殿への石段を上る

お札を受けて

鎮火講のお祓い

樒を受けて

雪の愛宕神社

荷を背負って

花脊の松上げ

原（楢原）の棚田

京都愛宕山と火伏せの祈り

はじめに

愛宕山は、八世紀初頭の大宝年間（七〇一～七〇四）に、修験道の祖として知られた役行者と、加賀白山の開祖とされる泰澄によって開創されたとの伝承を有します。この伝承に由って、二〇〇三年九月には、愛宕神社で開山千三百年の記念式典が盛大に挙行されました。その機にあわせて、私たちも佛教大学アジア宗教文化情報研究所主催、京都愛宕研究会と愛宕神社の後援により、佛教大学四条センターを会場として「愛宕山と愛宕信仰」と題する五回の連続講座を開催し、さらに九月二〇日には「山・人・火伏せの祈り」と題する特別シンポジウムを開催しました。本書は、連続講座とシンポジウムにおける報告と議論がもととなって編まれた書物です。連続講座やシンポジウムにおいて、多大なご協力を賜ったすべての方々に対して、あらためて感謝を申し述べたいと思います。

京都のみならず、関西の諸地域に暮らす人なら、愛宕山の名を知らない者は少ないでしょう。愛宕は火伏せの信仰対象として、日本の広い地域の人々によって厚く崇拝されています。また、愛宕の名を有する神社は、全国で小社まで含めれば千五百社を超すといわれています。にもかかわらず、愛宕に関する調査研究は思いのほか少ないのが現状です。愛宕山と愛宕信仰に関する先行研究は、同じ火伏せの信仰対象である秋葉山と比しても非常に限られています。私は二〇〇三年に、京都愛宕研究会のメンバーとともに『愛宕山と愛宕詣り』（京都愛宕研究会発行）という小冊子を刊行しましたが、この書物は写真や図版を豊富に用いた、いうならば少しハイグレードなガイドブックとしての性格を有していました。その意味においては、愛宕山と愛宕信仰に関するまとまった論集としては、本書がはじめての刊行ではないかと思います。

昔の人々は、現在と比べて火の恵みや驚異をより深く認識していたでしょう。火が私たちの日々のくらしに必要不可欠であるがゆえに、人々は火そのものを信仰の対象として祀りました。火をめぐる信仰のなかで、何よりも切実な願いが火伏せであったことはいうまでもありません。通常の状態で火を扱うかぎり、火は人間に多くの恵みを授けてくれます。しかし火が人間の手をいったん離れて巨大化すると、もう人間が操れる範疇を超え、火はまさに魔物と化します。魔物と化した火は止まることなく燃え広がり、あらゆるものを焼き滅ぼしてしまいます。そうなれば、火はもう人知を超越した存在であり、尋常の方法では制御することが不可能となります。そこに、火の神に対する人々の切実な祈りが具現します。

たとえば近世の京都では、宝永・享保・天明という時期に大火事が起きています。これについては、本書第二章の原島知子論文のなかに詳細な記述があるので参照ください。三度の大火事のなかでも、とくに天明八（一七八八）年におきた大火では、火元は今日の四条大橋より南の宮川町辺りであったにもかかわらず、西は壬生、北は鞍馬口近辺まで、なんと京都の市中の約九十パーセントが焼き尽くされたと伝えられていますから、その凄まじさは想像を絶します。しかしこれはほんの一例にすぎず、家屋が密集して立ち並ぶ多くの都市では、歴史のなかで火は何度となく人間に襲いかかり、計りしれない被害をもたらしました。これらの大火を経験するたびに、京都では町々で愛宕の本地仏である地蔵を祀り、火伏せを願いました。今日まで、無数の人々が火伏せの願いを込めて、愛宕に祈りを捧げてきたのです。

また、町内や講を単位として、愛宕山へ代参することも頻繁に行われました。火伏せは、個人や一軒の家において完結するものではなく、共同体全体における備えと集団による祈願を必要としたために、愛宕山への参拝は、講や組という社会集団を単位として行われました。代参講としての愛宕講は今日でも広い地域で存続しています。

愛宕に対する信仰は今も人々の暮らしのなかに生き続けています。それは、火の脅威から自分たちの暮らしと命を守るという、まさに人間が生きてゆくための切実な祈りとして。

本書では、古代から現代にいたる愛宕山の歴史を概観し、京都周辺地域における愛宕信仰にも触れつつ、また愛宕信仰の基底に存在する修験道の影響にも留意しながら、現代の愛宕山と愛宕信仰にまでアプローチするように試みました。それゆえに読者諸氏には、本書を通読していただくことで、愛宕山と愛宕信仰の歴史と民俗に関して、ほぼ大枠が理解していただけるものと思います。

本書の執筆には、二〇〇三年の連続講座とシンポジウムの際に尽力いただいた京都愛宕研究会のメンバーを中心に、これまで修験道や火伏せ信仰に因んだ研究を積み重ねておられる、第一線の研究者にも無理をお願いして参画いただきました。本書の執筆に関わっていただいたすべての方々に、この場をお借りして心から感謝を申し述べたいと思います。

そして、読者諸氏のなかで、もし愛宕山に登ったことのない方がおられるなら、できれば自分の足で愛宕山に登り、愛宕神社に参詣していただきたいと思います。愛宕詣では普通の社寺参詣ではありません。たとえば清滝から表参道を行くとすると、七百メートルを超える標高差を登ることになるので、これはまさしく登山です。しかし愛宕への参道は何百年と続いた信仰の道であり、人々の祈りの道でもあります。そして、帰路はぜひ月輪寺に立ち寄っていただきたいと思います。月輪寺は、空也上人や法然上人が念仏を専修されたと伝えられている名刹です。

一人でも多くの方が愛宕山をめぐる歴史と信仰の重みを体感し、また愛宕に対して興味を新たにしていただけたら、本書の編集に携わった者として、それに増す喜びはありません。

編　者

目次

口絵写真　出水伯明
本文デザイン　中川末子

第一章 愛宕詣でとあたご道

鵜飼 均

◉はじめに

京都人なら「阿多古祀符火迺要慎」と書かれたお札を知らない方はおそらく少ないでしょう。というのも、京都の町屋の台所や飲食店の厨房などでは、必ずといってよいほど、このお札が貼られているからです。

このお札は、京都市内から見える山のなかで一番高い愛宕山（九百二十四メートル）に鎮座する愛宕神社で樒（しきみ）とともに授与されています。

近世期には、「お伊勢七度（ななたび）、熊野へ三度（みたび）、愛宕さんへは月参り」と謡われたほどで、愛宕への信仰の篤さがうかがえます。その信仰は、現在も生き続け、多くの参詣者で賑わっています。

愛宕山は、その時代時代によって、さまざまな特徴が見出せます。開山当時の古代では、修験者の修行の場であったり、中世期には、勝軍地蔵（しょうぐんじぞう）を本地としたところから戦国武将の尊崇を受けるようになり戦勝祈願の場となったり、そして近世期には、火伏せを願う一般民衆の参詣の地であったりと、信仰の山として畏敬の念が寄せられた霊地でした。

現在は、愛宕神社として親しまれていますが、明治初年の廃仏毀釈までは愛宕大権現で社僧により営まれていました。

平成十五年（二〇〇三）、愛宕神社では、大宝三年（七〇三）、役行者（えんのぎょうじゃ）と白山開祖の雲遍（うんぺん）上人（泰澄（たいちょう））が愛宕山に神廟を開いたといわれるところから、御鎮座千三百年記念祭が行われました。

本章では、時代のニーズにあわせ、信仰形態を変容させてきた愛宕山の歴史とその信仰、そして愛宕をめぐる人と道について述べることとします。

◉愛宕山とその信仰

京都の西北に聳え立つ愛宕山は、古代からの霊山で、そのもっとも高い峯である朝日峯には、愛宕神社が鎮座しています。全国各地にある愛宕社の本社として、祭神は本宮に稚産日命（わくむすびのみこと）・植山姫命（はにやまひめのみこと）・伊弉冉尊（いざなみのみこと）・天熊人命（あめくまびとのみこと）・豊受姫命（とようけひめのみこと）の五柱、若宮には雷神（らいじん）・迦遇槌命（かぐつちのみこと）・破无神（はむのかみ）の三柱が祀られています。しかし主祭神は、火神である迦遇槌命で、その神は、火伏せの神として尊崇されています。迦遇槌命が火神として尊崇されている由縁は、迦遇槌命が降臨にあたって母神伊弉冉尊を焼き給うたので別名仇子ともいわれ、火をつかさどる神とあがめられたためで、全国的な愛宕信仰の源流をなすものです。

写真１　愛宕山遠景。京都市右京区松尾上空から（出水伯明撮影）

俗説ですが、迦遇槌命が仇子（アタゴ）であったことにちなみ、この神をアタゴ神といいます。

また、平安京の王城鎮護のためにその西北の山上に祀られたものとも考えられています。

愛宕山は、前述の大宝年間の役行者・泰澄開山説の他に、実はもうひとつの説があります。阿多古社（愛宕社）が初めから愛宕山にあったのではなく、移転したものだとする説です。現在京都市右京区に位置していますが、古代は丹波国に属していました。もちろんそこに鎮座する愛宕社も丹波国となっていました。

平安中期の延長五年（九二七）に完成した『延喜式』（五十巻）の巻九と巻十のいわゆる「神名帳」には、丹波国桑田郡阿多古神社と登載されています。『延喜式』のいうところの阿多古神社は、亀岡市千歳町国分に鎮座する愛宕神社がそれに当たるといわれています。同社は、鎌倉時代の本殿を有する古社で、元愛宕とも称されています。

アタゴのアタは、自分から見て側面や背面いわゆる反対側を意味するアテに由来するともいわれているところから山城側から見て反対側の丹波をいったものとも解されています。『神祇拾遺』によりますと丹波桑田郡に鎮座していた本社は、愛宕郡鷹峯《たかがみね》（京都市北区）の東に移され、さらに今の山上に移されたものともいわれています。

このことから、丹波側にも古くから愛宕信仰が成立し、崇敬の一端をうかがうことができます。

中世には、仏教との習合により多くの修験者が愛宕山に住んだところから、愛宕権現太郎坊と呼ばれる天狗と考えられるようになりました。その本地として勝軍地蔵が祀られました。この勝軍地蔵を尊崇するものは軍陣の勝利を得るといわれ、戦国武将にその信仰が広まりました。

近世に入ると、一般庶民の間で愛宕の崇敬者たちで結ばれた講を組織し、代参まいりを行いお札と樒を持ち帰って火災から免れることを願いました。その信仰は、現在も生き続け、崇敬者は百万人を超えるといいます。

このように愛宕信仰は全国に広まったものの、廃仏毀釈の関係で白雲寺が破却されたため、近世以前の資・史料がほとんど残っておらず、愛宕山の歴史や信仰の伝播についてはいまだ不明な点が多くあまり知られていません。『小石記』天元五年（九八二）六月三日条に左近将《さこんのじょう》惟章《これあき》と右近将監《うこんのじょうげん》遠理《とおまさ》が出家し、愛太子白雲寺へ行ったと記され、また愛宕社諸堂の名称と配置がうかがえる資料としては、宝暦五年（一七五五）に描かれた「愛宕山ノ画《あたごやまのえ》」（第二章参照）が管見のかぎり最も古いものです。

白雲寺は、勝地院長床坊《しょうちいんながとこぼう》（延徳二年〔一四九〇〕・法印裕厳・天台宗）、教学院尾崎坊《きょうがくいんおざきぼう》（永正一七年〔一五二〇〕・権僧正裕仙・天台宗）、福寿院下坊《ふくじゅいんしものぼう》（大永元年〔一五二一〕・権僧正幸海・真言宗）、威徳院西坊《いとくいんにしのぼう》（大永四年

〔一五二四〕・法印行厳・天台宗）、大善院上坊（大永四年〔一五二四〕・法印行厳・天台宗）の五坊が、勝軍地蔵愛宕大権現を祀る本社および太郎坊を祀る奥院と並んで一山構成をなしていました。また福寿院幸朝の退隠の坊として宝蔵院が元亀二年（一五七一）に開かれました。各坊の（　）内は『寺院記』に記された中興の記事です。

正保二年（一六四五）正月二十三日の炎焼以前は、金鳥居の内の登り廊下の左右に各坊が配置されていたようです。

寺領は長床坊の一五〇石以外は、一二五石五斗二升六合ずつでした。

◉戌亥とイノシシ

平安京の鬼門（丑寅すなわち東北）の方向には、比叡山が位置します。ここには、延暦寺が建立されており、この東塔の根本中堂の山門は丑寅からの悪霊襲来を遮るべく鬼門を向いています。

しかしもうひとつ警戒せねばならない方向が、戌亥の方向すなわち西北です。その戌亥の方向には出雲があります。そこには、黄泉への通路があるとみなされました。この戌亥から吹く風は、「あなし」と呼ばれ、四月に吹き出す季節風です。この風は、花を散らせ疫病を蔓延させる風として、この風の吹く戌亥という方角は、忌み嫌われました。そこには比叡山と対をなす愛宕山があります。

戌亥のイノシシと関係があるのか、愛宕神社にはイノシシの彫りものや絵画が多く、本殿の欄間、奥宮の白イノシシ、金（青銅製）の鳥居にイノシシの彫りものなどがあります。

古浄瑠璃の『子安物語』や『あたごの本地』では、本地仏である勝軍地蔵は白いイノシシに乗って現われたとしており、愛宕さんの神の使いはイノシシだとされています。

写真２
本殿に向かう回廊に彫られたイノシシ

写真３
愛宕神社石段。金の鳥居の柱に彫られたイノシシ

◉天狗伝承を生んだ霊山

この山は、古来天狗の棲む魔の山として畏怖されてきました。天狗といえば鞍馬山の方を想い起してしまいがちですが、愛宕山の天狗は太郎坊と呼ばれ、日本一の天狗に位置づけられています。天狗とはすなわち修験者のことであり、愛宕山伏と呼ばれる数多くの修験者が、滝に打たれたり、断崖を駆けめぐって霊能力を身につけました。

『源平盛衰記』の治承元年（一一七七）四月二十七日樋口富小路の民家より出火した火事は大内裏を巻

き込み、京都の半分を焼き尽くす大火に発展しました。この大火は愛宕の天狗によって引き起こされたためといわれ「太郎焼亡」と呼ばれました。この大火の火元が樋口富小路と聞いた盲目の陰陽師は、樋口＝火口、富小路の富＝鳶で、鳶は天狗の乗り物、小路はその乗り物の通路と説き、愛宕の天狗の仕業であると判断したのでした。愛宕山伏、愛宕聖の存在や影響力がうかがえます。

◉戦国武将と愛宕山

愛宕権現・勝軍地蔵に戦勝祈願をすれば、必ず勝利を得ると戦国武将の間でいわれるようになりました。この本地仏である勝軍地蔵は、右手に剣、左手に宝珠を持ち白馬にまたがる甲冑をまとった地蔵で、その容姿から武家の信仰を集めました。細川勝元は応仁の乱後、社殿を修造、織田・豊臣氏は、それぞれ社地を寄進し、徳川家康も関ヶ原の戦いに勝軍法を修して勝利を得たところから、六百五十二万石の朱印地を寄せるほか、慶長八年（一六〇三）芝桜田山の丘陵に愛宕権現を勧請して社殿を営みました。

写真４　勝軍地蔵
（金蔵寺蔵。出水伯明撮影）

愛宕山と切っても切れない武将に明智光秀がいます。光秀は、天正十年（一五八二）五月二十六日近江坂本城から丹波亀山城（京都府亀岡市）に入り、翌二十七日亀山城を出発、現在「明智越え」と呼ばれる尾根道を通り、水尾の集落へ出、そこから一気に登り愛宕山の愛宕大権現に参拝しました。そこで光秀は、二度三度とおみくじを探ったといわれます。望みどおりの札がでなかったのでしょうか。

その夜はそこに参籠し、翌二十八日愛宕大権現五坊のひとつ、威徳院西坊で連歌師里村紹巴(さとむらじょうは)らあわせて九名と連歌の会を催しました。この当時戦いの前に神前で連歌会を開き、詠んだ連歌を神に奉納して戦いに出かければ、その戦いに勝つと信じられていました。出陣連歌です。全部で百韻吟じられたことから「愛宕百韻」などと呼ばれました。

その発句は、「時は今あめか下しる五月哉」で有名です。この発句の解釈には、「時は」は光秀の出身といわれている土岐家で、「あめ」は天で「下しる」とで天下のことかなど諸説あるようですが、信長の命である中国攻めにあたっての出陣連歌のように装い、実はこのとき、すでに光秀は、ひそかに謀叛を企てており、このための出陣連歌会のつもりであったのでしょうか……。それは知る由もありません。

写真５
片倉小十郎重綱所用の具足
(仙台市博物館蔵)

光秀が本能寺で信長を襲ったのは、これから五日あとの六月二日未明のことでした。

また伊達政宗の家臣片倉家の二代重綱の所用具足と伝えられる黒漆五枚胴具足の兜には、金箔押が施され、伊達家の合印である八日月とともに、片倉家の合印で尊崇した愛宕山大権現のお札の前立がついています。同重綱の旗で白地黒釣鐘旗には、ちょうど龍頭の左右に前立と同じ「(宝珠)愛宕山大権現守護所」が朱印で、その横には、地蔵菩薩立像の脇に不動明王、毘沙門天を描いたお札が配されています。また、同じ伊達家の家臣で矢野家の旗には、「愛宕大権現」とあります。このほかにも「南都住金房隼人佐藤原正実愛宕山大権現」の銘が刻まれた十文字槍などもあります。伊達家やその家臣たちに尊崇されていたことがうかがえる貴重な資料です。

ほかにも、秀吉が征韓の役にあたって愛宕大権現の神宝笹丸（重文）を請い受けて出陣したりと、戦国武将の信仰を受けた勝軍地蔵ですが、現在は、京都市西京区大原野の金蔵寺に場所が移されています。

◉愛宕さんへは月参り

「お伊勢七度、熊野へ三度、愛宕さんへは月参り」と謡われたくらい愛宕さんが一番賑わったのは近世期でした。

この時期、一般庶民の間ではかまど神として火除のお札と樒を受けに愛宕神社へお参りをするものが多く、その崇敬者たちは、愛宕講を組織して代参月参りをしました。代参者は、この祈祷済みのお札と樒を受けて帰村すると、まず村の鎮守の愛宕祠や愛宕灯籠などへお札を納め、講員や村全戸へそのお札や樒を配りました。

また代参者が帰村すると愛宕講の当屋の家に講員たちが集まり、会食するのが一般的で、このとき代参者から講員にお札と樒が配られます。このお札は、三宝荒神や台所の柱や壁に貼り、樒は、かまどの上などに置き、火難除けにしました。

愛宕さんへの月参りも、最近ではほとんどの地域が、年一回の代参になっています。愛宕さんへお参りをする日は、三月二十三日、四月二十三日・二十四日、五月八日あたりが多く、とくに二十三日や二十四日が多いのは、本地仏が勝軍地蔵であるため地蔵菩薩の縁日との関係からかもしれません。

五月八日というのは、釈迦誕生の灌仏会で花祭りの日です。民間では、この日を卯月八日、ヨウカビなどと称し、山へ登る日といわれました。山ツツジやシャクナゲ、樒などを採り、それを持ち帰り竿の先に十字に結んで高く立てる民俗行事があります。また修験道での春の峯入り修行の日でもある関係から愛宕参りをするようになったのでしょう。

◉愛宕信仰の諸相

京都府与謝郡野田川町下山田の愛宕講は、愛宕山曼荼羅の軸を掛けて催されます。軸の向かって右に声聞地蔵、その横には山の神の象徴である天狗（カラス天狗）が杉の木立の前で座っています。画面真ん中には勝軍地蔵、その向かって右に不動明王、左には毘沙門天が従えています。その下には、修験をあらわす愛宕の開祖といわれている役行者が描かれています。普通、役行者が描かれる場合、前鬼、後鬼を従えていますが、この曼荼羅には後鬼のみしか描かれていません。

このような軸や、文字で「愛宕大神」と書かれた軸を掛け、愛宕講を行っているところがたくさんあります。

滋賀県彦根市では、「火之迦具土大神」と書かれたお札を屋敷のところにお祀りしています。

写真６
愛宕講員がしめ縄を張る
（京都市左京区岩倉）

図１　愛宕曼荼羅掛け軸
（与謝郡野田川町）

また、京都市の岩倉花園町では、毎年一月の第二日曜日に愛宕講の講員が集まり地域の愛宕灯籠の後ろにお札を入れるガンダナという納札箱にしめ縄を巻き、お祀りをします。そのしめ縄には樒が挿されています。

『日次記事』の「六月二十四日〔神事〕愛宕詣」に千日詣の様子が次のように記されています。六月二十四日は平日の千度分にあたる千日詣で、この日は男女が混雑して数えることができないほどです。六坊の内で、常によく知る所の坊に入って休憩すると、坊人が酒や食事を出してもてなしてくれます。これを坊着といいます。人びとは、火札を買い、樒枝を求めてそれをお土産とします。樒枝は竈の上に挿すと、火災をまぬがれるといいます。六坊は国ごとに壇越（だんおつ）と呼ばれる檀那場（だんなば）があり、毎年中衆と呼ばれる使いを送って、贄を贈るといいます。

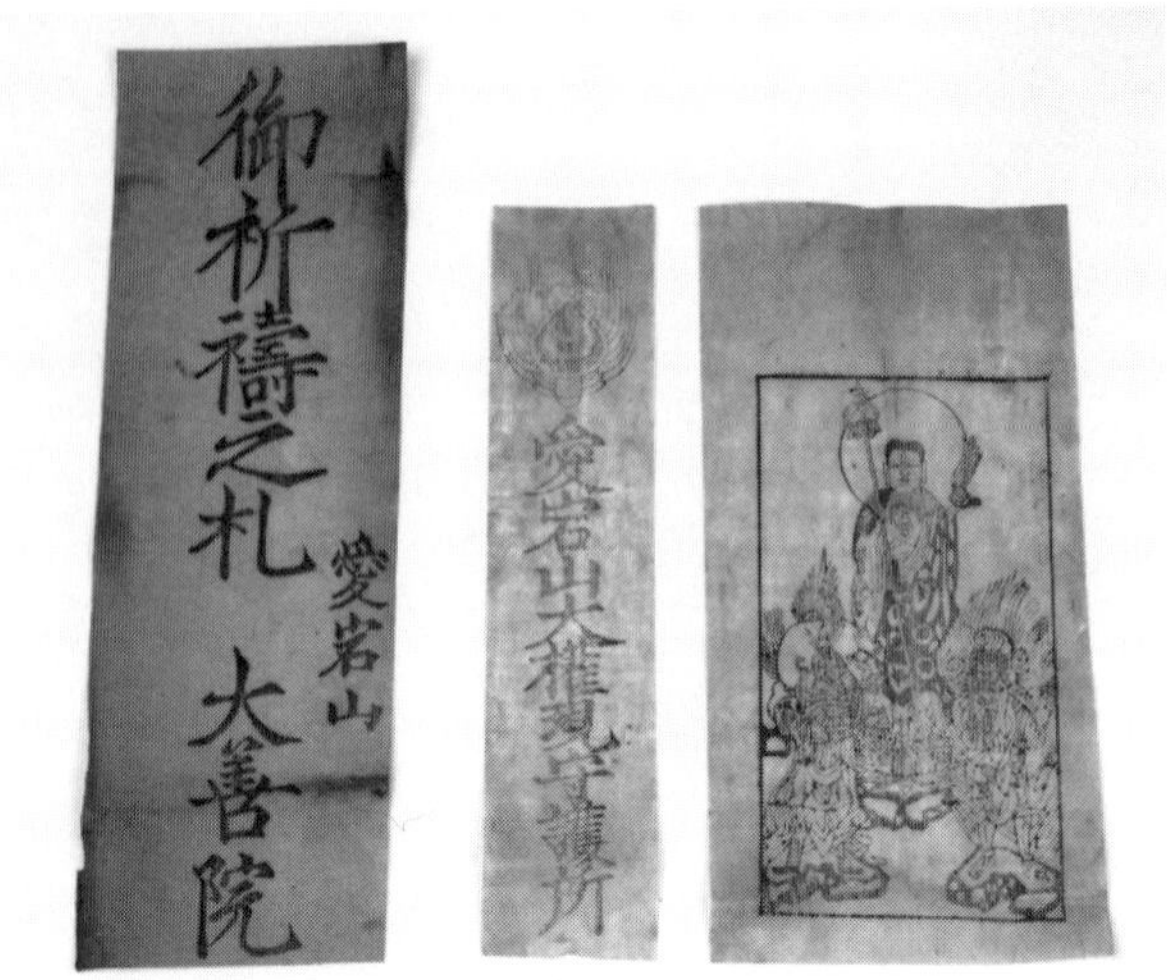

写真７　大善院から出されたお札（山本龍八氏蔵）

六坊〔教学院〔尾崎坊〕・福寿院〔下坊〕・長床坊〔勝地院〕・威徳院〔西坊〕・大善院〔上坊〕・宝蔵院〕の各宿坊は、国ごとに壇越と呼ばれる檀那場があると記していることから、伊勢の御師（おし）のように愛宕の坊人がお札や愛宕曼荼羅を持って回り、愛宕信仰を広めていたことがうかがえます。さしずめ、愛宕坊人による愛宕信仰のデリバリーサービスといったところでしょうか。千日詣りの際には、酒食なども饗すというくらいであるから大そうなもてなしであったことがうかがえます。

包紙には「御祈祷之札　愛宕山大善院」と坊名を書き、「愛宕山大権現守護所」と書かれた朱札と、声聞地蔵菩薩・不動明王・毘沙門天を描いた三尊図像が入れられた資料があるところから、他の宿坊も同様の形で出していたと考えられます。

愛宕灯籠への火とぼしの習俗も見られます。この火とぼしは、木製の手提げ灯籠を順番に回し、回ってきた家は、手提げ灯籠の中のローソクに火をつけ、愛宕灯籠の建っているところまで持っていき、愛宕灯籠へ火を献じるのです。

人びとの心に内在する火への畏怖心がこのような習俗の根底にあるのだと思います。

このほかに地域ごとではなく個人的な信仰形態のひとつとして、三歳までにお参りすると、一生火災の難をまぬがれるといわれています。汗だくになりながら幼児を背負って参詣する父母の姿がよく見られます。これは祭神である母神伊弉冉尊が迦遇槌命を産む際火傷で亡くなったことにも由来するのかもしれませんが、産育の神として信仰されていた一面もあると考えられます。まさに山の神としての性格を示すもので、原始信仰の伝承が今も息づいているといえます。

◉千日の功徳がある千日詣り

毎年七月三十一日から八月一日にかけて行われる通夜祭、千日詣です。この日は、老若男女が夜を徹して参拝し、愛宕山九合目の花売り場で樒を買い求めます。この日に参拝すれば昔も今も千日の参拝と等しい功徳があると伝えられています。そのためこの日は、愛宕山にも夜店が出され多くの参拝者で賑わっています。

明治期の新聞記事などをみると、「試み峠で神楽講から提灯を借り受け、渡猿橋を渡り、清滝の桝屋という茶屋で靴を草履に履き替えたとき九時半過ぎでちらほらお参りをする人が出てくる。頂上まで四十五、六丁もあるが、一丁毎に藁屋の茶店があるが、道は愈愈険しくなる。三十丁目の水口屋で茶店は絶え、あとは一丁毎にかがり火が燃えている」と当時の表参道における千日詣の様子が記されています。

愛宕の千日詣りの記述に必ずといってよいほど引用される資料に『日次紀事』という近世の地誌がありますこの資料を見ますと、近世期には六月二十四日に行われていたことがわかります。ちなみに東京の愛宕神社では今も六月二十四日に千日詣りが行われています。

「今日愛宕詣。平日の千度に当たる。俗に千日詣と謂う。男女混雑、挙げて数ふべからず」とあります。「男女混雑」というのがとても興味深いです。愛宕山は修験の山でありますが、このころから女性の登拝を許していたということです。奈良の大峰山などは現在もジェンダーフリーではありません。しかし、この記述を見ると近世期に愛宕山だけは、すでに女性の登拝を許しています。

いろりで女性が火の番をするときに座るところをキジリといいます。それが愛宕聖とつながりがあるともいわれています。というのも女性は、家のなかで火を絶やしてはいけないという非常に重要な任務をつかさどっていました。火と女性は関連があるというところから登拝が許されていたのかと思います。本来、女性が守るものという性格から、それは当然といえば当然のことだったのかもしれません。

「米銭を献ず。而して寺僧六坊の中、常に相知る処の坊上に入りて休憩する」。坊は六坊あって、それぞれ行きつけの坊があり、ここでは「坊着き」とあります。「火の札を買う。帰りにシキミの枝を求めて、ちまきもつける。これを肩に絞めて帰りの土産となす」と書かれています。

京都の最初の案内記として知られる『京童』第六の「あたご」や「釈迦堂」の記事に、愛宕詣の帰りの

図２　愛宕詣り（『京童』第６巻、挿図）

写真８
樒とお札を授けて下山

姿が挿絵で載っています。日次記事の記述と同じお札と土産のちまきを肩に下げている姿が描かれています。

現在の千日詣りは、三十一日に夕御饌祭が行われます。神事の後山伏姿の格好をした方々が、火を自由に操れることが霊力を発揮するということなのでしょう、柴燈護摩（さいとうごま）が焚かれます。愛宕の修験の姿を彷彿とさせます。

日付が変わって午前二時から朝御饌祭（あさみけさい）が行われます。この時間でも大勢の参拝者がおられます。

宮司さんの祝詞・奏上があって、みなさんがお参りされます。そのあとに人長の舞が奉納されます。締めくくりとして鎮火祭が行われます。やはり愛宕山ですから火を鎮める儀式が行われます。ヒカゲノカズラという植物で、完全に鎮火をさせて神事が終わります。

◉愛宕さんへの道

歴史の道や信仰の道を知る資料のひとつとして道標があります。道標は、道の拡幅などにより移動している場合もあるため、斟酌する必要はありますが、当時の道筋や往来人の流れを紐解くナビゲーションシステムであるといえます。

山麓までの道を現在残っている道標や文献を見ながら辿ってみます。

寺町今出川〜北野白梅町〜御室・嵯峨

まず、京都七口のひとつ大原口にあたる寺町今出川の東北角に慶応四年（一八六八）建立の大きな道標があり、これには全部で二十二ヵ所にのぼる地名やそこへ至るまでの距離などが彫られています。その西面に「あたご　三り」とあります（図3の①）。江戸時代大原口といえば、重要な辻で、北へ行けば出町を経て大原から若狭や近江に向う街道の出入り口で、南と西は京の市街地に繋がるまさしく交通の拠点でした。

今出川通を西に行くと北野天満宮があります。この通りに面した一の鳥居をくぐった左手に「右　天満宮／ひだり　さか　あたご　道」と彫られた常夜灯型の道標があります。寛政二年（一七九〇）の紀年銘があります。この道標はもともとこの場所（図3の③）にあったのではなく、ここから東南の位置で、下ノ森通のところで一条通が天満宮への道と分かれる辺り（図3の②）にあったといいます。

写真9　大原口の道標

北野天満宮の参詣を終えた人のためと思われる道標が、同天満宮の西、紙屋川を渡った平野通の喫茶店の南西角にあり、享和八年（一七二三）の紀年銘を有しています（図3の④）。東北側に「右ひらの　きんかく寺／直　とうちゐん　りようあん寺／左おむろ　さが　あたこ」とあり、右すなわち平野通を北へ行けば、平野神社、金閣寺、直と

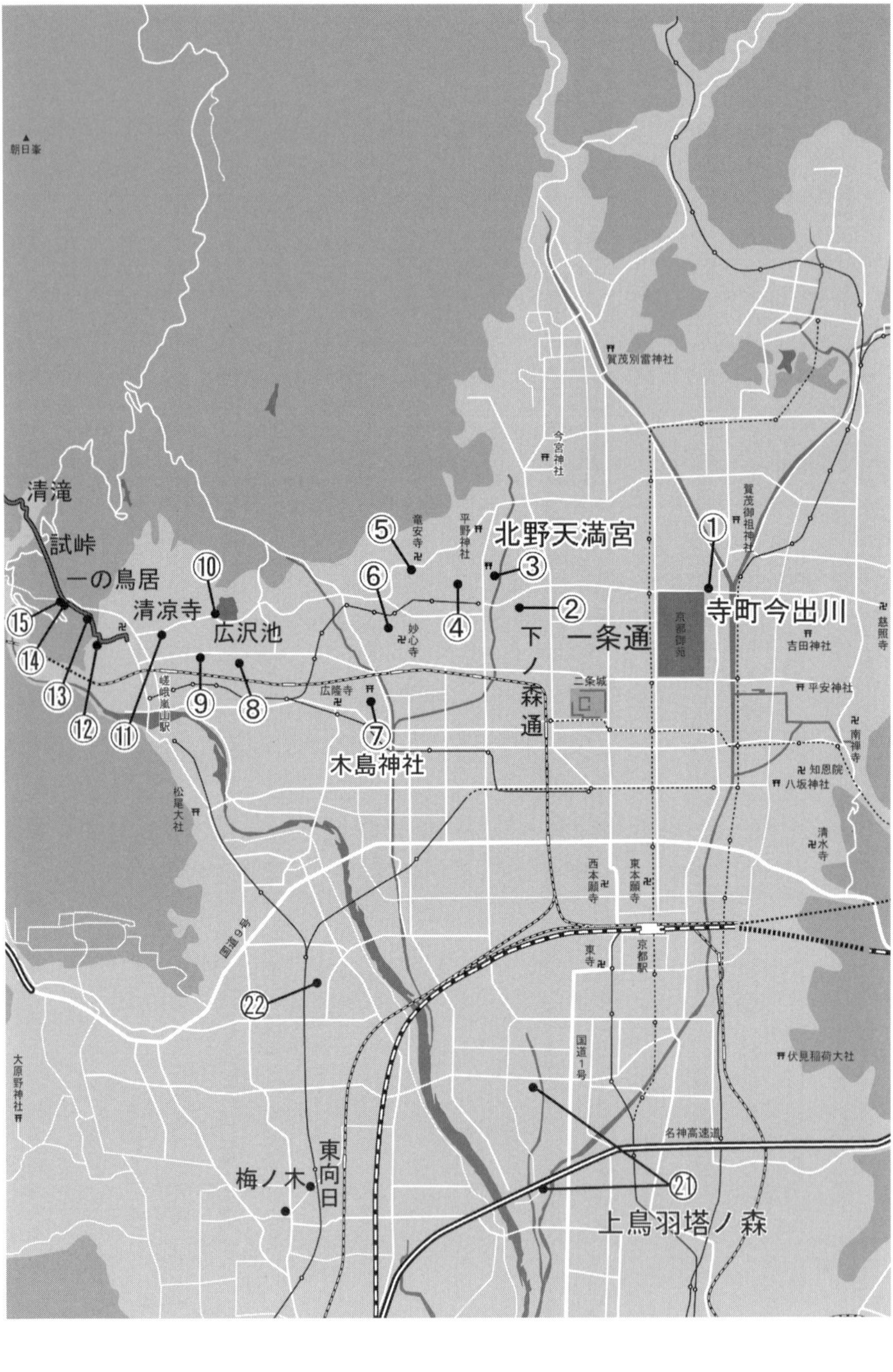

朝日峯
清滝
試峠
一の鳥居
清凉寺
広沢池
嵯峨嵐山駅
松尾大社
⑤
竜安寺
⑥
妙心寺
平野神社
④
北野天満宮
③
②
下ノ森通
一条通
二条城
①
寺町今出川
京都御苑
賀茂別雷神社
今宮神社
賀茂御祖神社
慈照寺
吉田神社
平安神社
南禅寺
知恩院
八坂神社
清水寺
⑩
⑮
⑭
⑬
⑫
⑪
⑨
⑧
広隆寺
⑦
木島神社
西本願寺
東本願寺
東寺
京都駅
国道9号
㉒
国道1号
伏見稲荷大社
名神高速道
大原野神社
東向日
梅ノ木
㉑
上鳥羽塔ノ森

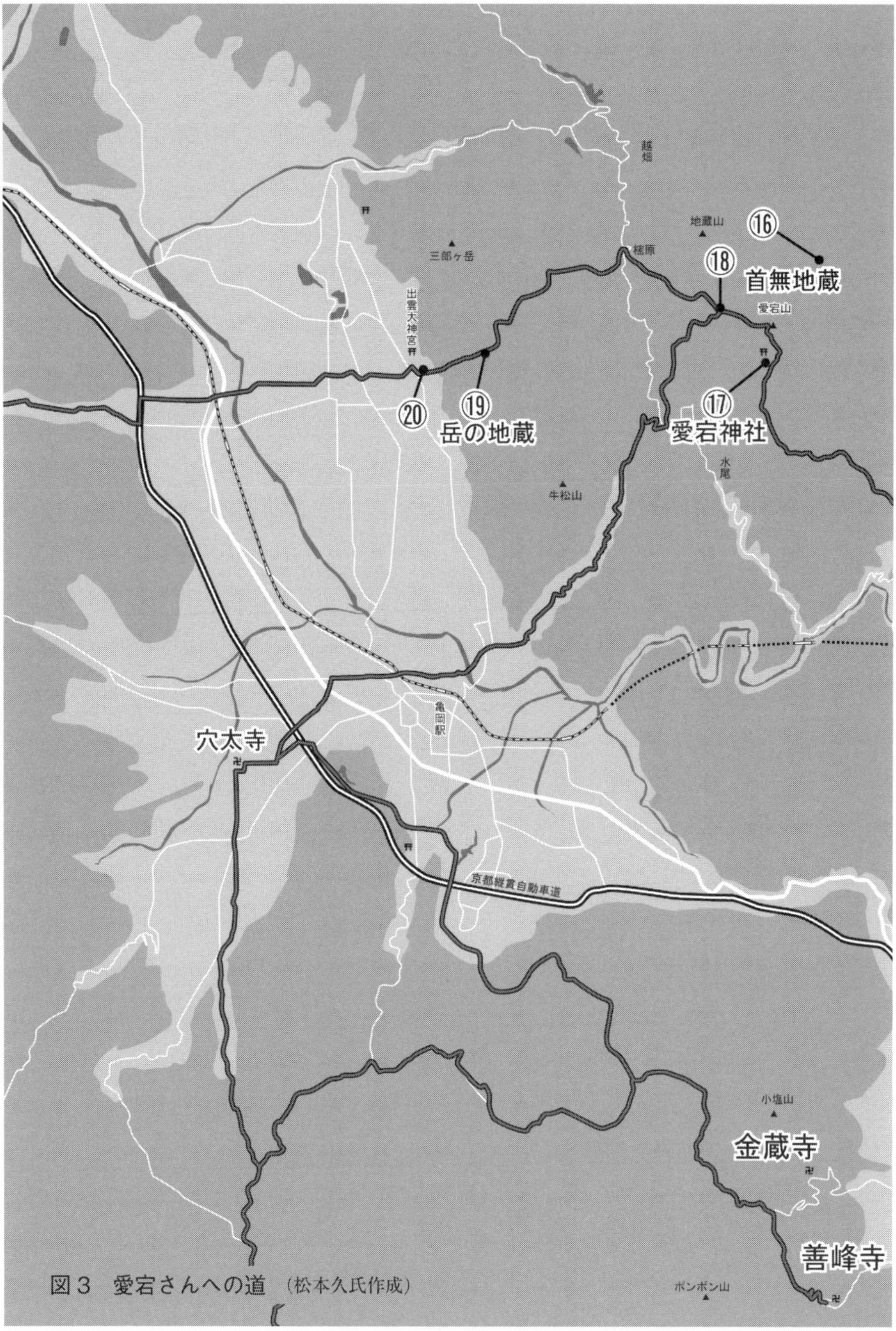

図３　愛宕さんへの道（松本久氏作成）

いうのは「すぐ」で近くではなく、まっすぐということでそのまま西へ行くと等持院・竜安寺いうことになり、左すなわち南へ紙屋川に沿って下ると、先の一条通にぶつかります。そこを西に折れ曲がり進むと御室仁和寺、嵯峨を経て鳥居本、清滝へと続く愛宕への表参道となります。

途中竜安寺の付近に「あたごみち／右きょうみち／左りょうあん寺みち／左あたごみち」と刻まれている常夜灯の竿の部分が道標となっているものがあります（図3の⑤）。これは、もともとこの場所に建っていたのではなく、どこかこの付近の街道沿いにあったと思われます。

御室から鳴滝、山越を経て広沢池を過ぎると稚児の宮があります。ちょうど佛教大学のアジア宗教文化情報研究所の前のあたりを地図で確認すると道標のマークがあります。しかし現在は残っていません。『京都の道標』を見ると、寛保二年三月銘の道標が記載されています。銘文は「左　あたご道／是よりしゃか堂　宿屋町江　十町　しゃか堂　一の鳥居江　十二町」です（図3の⑩）。

ここからしばらく行くと大覚寺付近に「東すぐ　あたごみち／南ひだり　あたご道／西すぐきたの／みき　三条六条ふしみ」と彫られた長い道標があります（図3の⑪）。

この道標につながるのが嵯峨ニックの裏手のあたりにある道標で「右　三条通り　六条／ふしみ」、南側に「左あたご」、北側に「左　北野天満宮　二条／下立売」、東側には「文政七年甲申五月　再建」とあります（図3の⑧）。

御室・妙心寺～双ケ丘～三条通経由嵐山

御室仁和寺から南へ双ヶ丘中学校の前の道を下っていくと、新丸太町通りに出る手前に「左うずまさ

／下さが、あたごみち」とあります（図3の⑥）。ここから花園黒橋を通り木島神社へ至るとその境内に「左さが　しやかとふへ　二十町／あたごへ　八十町」と刻まれた安永五年正月銘の道標があります（図3の⑦）。

ここから先は、図3の⑧の道標まで確認されませんでした。油掛地蔵の前に寛政十年（一七九八）銘の道標があり「右　あたご　左こくうぞう（道）」と刻まれ（図3の⑨）、右に進めば清凉寺、鳥居本への愛宕表参道につながります。

表参道

表参道は、清凉寺（嵯峨釈迦堂）の門前が起点で、ここが京都市中からの街道の合流地でした。愛宕道は、清凉寺を西にまわり、今でも観光の名所となっている二尊院、祇王寺、滝口寺、化野念仏寺の脇を通り、一の鳥居がある鳥居本へと続きます。

渡月橋から天龍寺を通り過ぎ、清凉寺（嵯峨釈迦堂）へ向かう途中「これより釈迦堂、宿屋町へ十町」とあります。この釈迦堂のあたりは今でも旅館がたくさんあり、愛宕への参詣者の門前宿場町として栄えたことがうかがえます。

二尊院の前には、「右あたご道」、「愛宕山」と刻まれた灯籠型の道標があります。文久三年（一八六三）六月の銘が刻まれています（図3の⑫）。

この道標にしたがってまっすぐ行くと祇王寺、右へ行くと愛宕の鳥居本のところへ行くのですが、ここに「右　あたごみち」という道標があります（図3の⑬）。しばらく進むと化野念仏寺の前に「右あたご道」

▲▶写真10　清涼寺門前の愛宕灯籠

写真 11
二尊院前の灯籠型の道標

と刻まれた延享元年（一七四四）」銘の道標があります（図3の⑭）。

愛宕神社の一の鳥居のあたりに常夜灯があって、昔の絵はがきや『京都の道標』をみるとこのあたりにも道標があったようです。今となっては幻の道標になってしまいましたが、「享保九年甲辰　右あたごみち　六月廿四日」と刻まれていたようです。ここから山頂まで五十丁、約五・五キロメートルの道のりとなります。

ここから上り坂を六丁行くと試峠（こころみとうげ）です。この峠は、試坂ともいい、愛宕山に登れるかどうかまず試みる峠といわれています。さらに六丁下ると清滝に至ります。

「愛宕にまうづる人まづ此川にて垢離をとるとかや」(『出来斎京土産』)とあり、愛宕へ参詣する人は清滝川で水垢離をとり、身を清めてからお詣りをしました。

清滝川を結界として、渡猿橋を渡った参詣者は、俗世を離れ、聖なる空間へと迎えられます。「ますや」「なかや」という旅館や茶店を左右に見ながらしばらく歩くと二の鳥居が見えてきます。ここからが、愛宕山への本格的な登山口となります。

急坂と石段の険しい一筋の道は、愛宕さんへと続き、約二時間三十分の道のりです。

鳥羽作り道～東寺経由西国街道～向日市、物集女街道

南の方からのアクセスを見てみると、現在は、移転しているが上鳥羽塔ノ森小枝橋付近に「左　あたご道」という道標と愛宕山の常夜灯があります(図3の㉑)。ここからは鳥羽作り道を北上し東寺を経由して、西国街道に入る道がありますが、愛宕さんへは東寺を経て向かいます。また伏見方面からは、中書島、横大路を通り、羽束師橋を渡り大山崎の上植野のあたりで西国街道とぶつかり、西国街道を北上します。

これらの愛宕へ通じる街道筋には、旅人が休憩する茶店が並んでいたようです。十七世紀に描かれた『洛外図屏風』には、「梅ノ木の茶屋」とあり、『京都古習志』にもこの梅ノ木に「千體場」という地があり、大阪方面の人が愛宕へ参る時湯茶の接待をしたとあります。接待を行う地は、道が広くなっていて多く千體地蔵尊を祀る小堂があったとあります。その他、右京区下山田、梅津、上野、松尾井戸町にも「接待場」があったといいます。

丹波～山越え～愛宕山

一方丹波からの愛宕道は、亀岡市保津町から愛宕谷川に沿って京都市右京区嵯峨水尾から愛宕へ登るルートがあります。このルートは、篠町、曽我部町を始めとする亀岡盆地の南部や大阪府能勢や池田方面の人びとが使ったようです。

また別道として同市千歳町北舎峠を抜け京都市右京区嵯峨樒原に出る道があります。北舎峠への登り口は、中、北舎、出雲の三ヶ所あり、合流点には「岳の地蔵」と呼ばれる地蔵菩薩が祀られています（図3の⑲）。石龕の石柱右側には「右ハそのべ」、左側には「左ハたかそとわ」とあります。こちらは、銘文にもあるように園部町や亀岡盆地の北部、西は篠山市方面からの参詣者がこのルートを使ったと思われます。天保年間（一八三〇～四四年）のころ矢部朴斉が著した『桑下漫録』神前村（現宮前町）の項に「氷上、篠山辺りより愛宕に参者此道にかかり、馬路を経て中村より山へ登る」とあり、千原村（現千代川町）の項にも「馬路舟渡へ五丁、篠山筋より愛宕へ参る道也」とあります。また、中村（現千歳町）の項にも「愛宕道、原村へ一里」とあることからもうかがえます（図3の⑳）。なお、ここでいう原村は、

図4　『桑下漫録』（永光尚氏蔵）

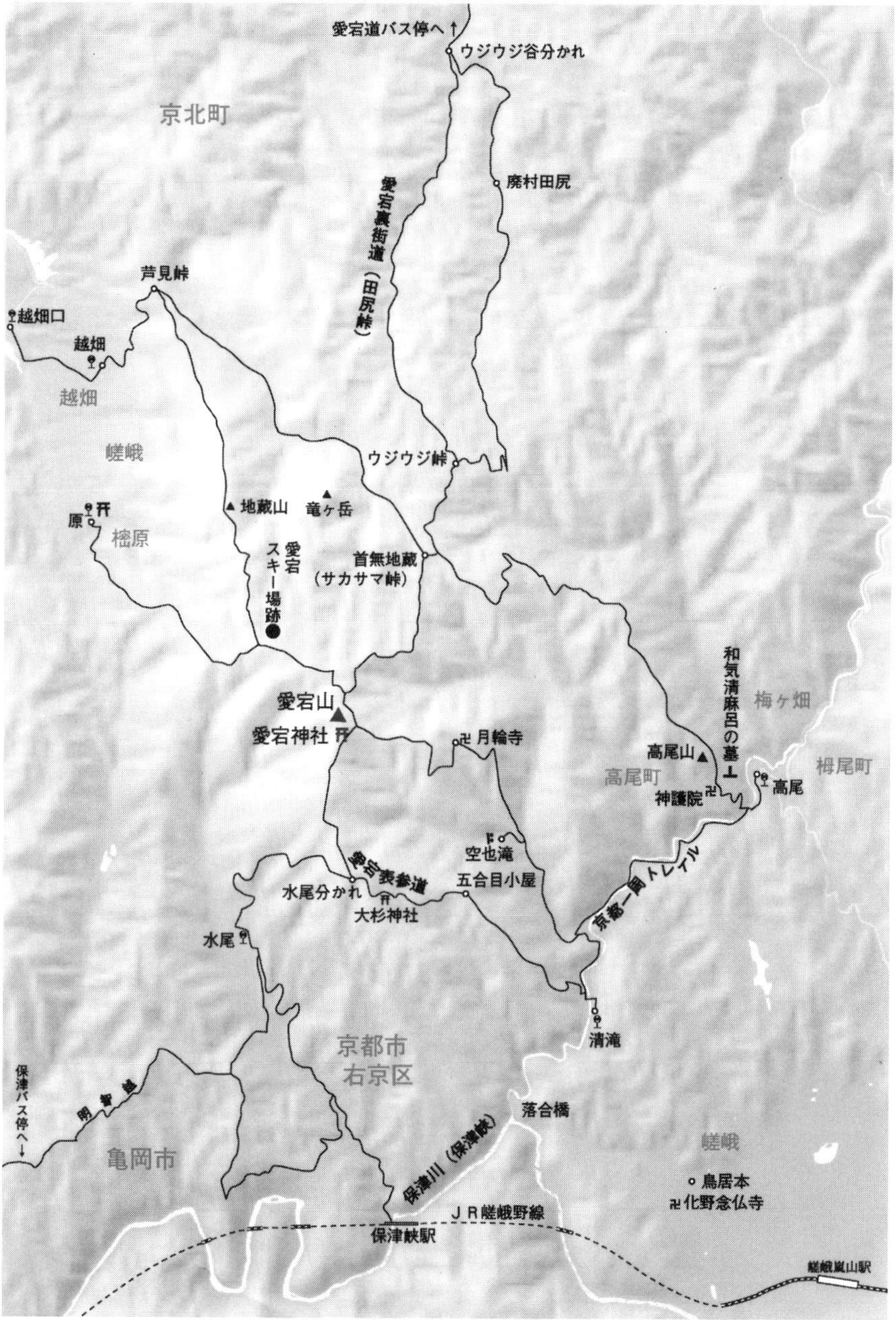

図５　丹波から愛宕山へのルート図　（松本久氏作成）

樒原のことです。

また、山麓から愛宕までの参詣道も三十くらいのルートがあるようにいわれていますが、主な参詣道は、次の四ルートです。清滝からの表参道と京北町細野、水尾、嵯峨樒原からの裏街道がそれにあたります。

裏街道は、丹波地方の参詣者が多く、とくに京北町（現京都市右京区京北）細野からの道はアスファルト舗装が施され、高雄へ抜けることができます。細野の愛宕道というバス停から田尻谷川、ウジウジ谷に沿って南に行きます。途中分かれ道がありますが右手の道をとります。反対方向へ行くと、現在廃村となった田尻となります。ウジウジ峠をぬけてしばらく行くと首無地蔵のあたりに着きます。首無地蔵の場所は、サカサマ峠と呼ばれており梨ノ木谷から高雄、清滝へ下りる道と芦見峠からのコースとのちょうど出合になります。首無地蔵が坐っている台石には、正面に「左あたご」、左側面に「右　たかを／すぐたじりたんば／左　やま」と彫られた道標になっています（図3の⑯）。

この参詣道は、細野、高雄双方から車で行けるため、愛宕山へ一番楽に登れる約四十分の最短ルートです。

ゆずの里で知られる水尾からの道は、表参道の八合目につながります。ここは、もともと八合目の水尾別れより少し登ったところの花売り場で樒や飲み物を売るため、水尾女が毎日樒を肩に担ぎ上り下りした道です。まさしく「樒の道」であります。

また、明智光秀が、亀山城から現在「明智越え」と呼ばれる尾根道

写真12　愛宕越えを示す道標

を通り、水尾の集落へ出て、そこから一気に登り愛宕山の愛宕大権現に参拝した道でもありました。最後は、樒原からの道ですが、この集落は、以前旅籠が点在しており、街道筋であったことを物語っています。とくに大堰川流域の船井郡日吉町天若地区世木で捕れたアユをアユモチと呼ばれる運搬人が嵯峨の鳥居本のアユ問屋まで運ぶ街道で、「アユの道」として知られています。

ここからの参詣道は、巡礼峠といわれるところまで約一時間、一気に登るため少々きついですが、ここまで登ってしまうとあとは楽で、平坦な道を三十分ほど歩くと到着です。途中到着手前で首無地蔵からのルートと、月輪寺から登ってくるルートと出合い、本殿へ登る石段の手前に出ます。

この参詣道は、上り口に愛宕神社の鳥居が建っているところから丹波地方の参詣者にとっては、表参道ともいえるルートだったのでしょう。

いずれの道も、今なお庶民の信仰が息づく祈りの道といえるでしょう。

◉西国巡礼のついでに愛宕詣り

思い返せば、日本人は、霊場には先祖の霊が鎮まっていると考えてきました。西国巡礼なども鎮魂・慰霊行為の一環として、室町中頃から一般民衆の間で行われるようになりました。

一番札所那智山青岸渡寺から三十三番谷汲山華厳寺までの札所巡礼ですが、この順路は京や畿内の人よりも東国からの巡礼者に便利な順路になっています。すなわち東国から伊勢神宮に参詣したのち熊野に入り、那智青岸渡寺を出発し、紀伊、和泉、河内、奈良から醍醐、石山、三井寺を経て京都に入り、丹波、摂津、播磨、丹後、若狭から近江に出て美濃の谷汲寺に至る。ここから中山道、東海道を通って東国に戻るという順路になっているといわれています。那智山までのあいだに江戸見物、伊勢を参宮、西国巡礼で大阪、奈良、京都で多数の社寺に参詣するという旅でした。そうそう何度も出かけられるものではないため、少しでもたくさんの社寺に参詣しようと思うのは当然のことであったのでしょう。そういう思いから、時には順番を崩して巡ることもありました。西国三十三所の一番札所から三十三番の札所までの経路についての案内ガイドブックのひとつである寛政三年（一七九一）の『西国順礼細見記』（以下『細見記』とする）にも、札所順に巡らない発展的な経路が記されています。

それは、京都寺町にある十九番札所革堂から西山にある二十番札所善峯寺、二十一番札所丹波亀岡穴太寺、二十二番総持寺へと進むのが順道ですが、『細見記』には「かう堂よりあたご越、さうぢ寺まで道法、かう堂よりかうあたごへ　三り十四丁」とあり、このあと「御内裏拝見して、西の御門へ出て、北野へ行なり」から始まり、上御霊社、下鴨社、上鴨社、大徳寺、今宮社、金閣寺、北野天満宮、妙心寺、竜安寺、等持院、御室御所、広沢池、釈迦堂、二尊院、天龍寺、法輪寺、嵐山、野々宮、妓王寺などの名所旧跡をめぐり、一の鳥居、試の坂を越え清滝に出て愛宕山へ登り、本社愛宕大権現の参詣をします。寺の上石段中ほどに「左りあなうしへの道」とあり、今でも道標が残っています。右側面に「元禄三年（一六九〇）二月廿四日」、左側面に「南無愛宕大権現施主敬白」、正面には「是よ里丹波あなうへのみち阿里／是よ里壱町ほと行右へ月の王／みちあり春（す）くニきよたきへ出る／是よりニ町ほと行右の方へたかお道あり」とあります（図3の⑰）。

また、この道標に沿って愛宕神社のちょうど裏にまわる道を進むと、首無地蔵と樒原方面へ行く分岐点にあたります。地蔵の辻といいますが確かに地蔵尊があります。この地蔵の光背部には「右たかお道　左あなう道」とあり、左にしばらく進むと地蔵山へ行く分岐点を越してもう少し進むと巡礼峠と呼ばれている分岐点にここにも首無の地蔵が建っています。この地蔵にも「［　　］是よりそのべ道／［　　］あなう道」と刻まれています。左手に少し坂を下ったすぐ横にも道標があり「従是左廿一番札所穴太寺道」とあります（図3の⑱）。『細見記』には「あたごより亀山へ　二り半」「ほうずの池、次にほうず村、宿十二軒有」とあるところから、この道を下り神明峠のあたりに出て、愛宕谷川沿いの道から亀岡市保津町に下り穴太寺へ行ったのでしょう。

写真13　光背に穴太寺を指す（地蔵の辻）

このあと『細見記』には、二十番札所善峯寺、光明寺、離宮八幡社を経由して二十二番札所の総持寺へ行くという逆打ちのルートが記されています。

わざわざ九百二十四メートルの愛宕山を越えてと思えますが、社寺名所旧跡への参詣に重点を置いていたことや宿茶屋の便の問題も加味し、逆打ちのルートが成立したと考えられます。元禄期の道標が残存していることからも、比較的早い時期から愛宕越えのコースが確立していたといえます。

◉むすびにかえて

江戸時代中頃から後期は、庶民の旅が発達した観光ブームの時代でした。代表的なものが伊勢詣りで、愛宕詣りと同様「講」を組みました。講員は積み立てをし、その積立金を路銀として何人かを代参としました。関東以北の人は、京阪見物に加え、金毘羅詣り、西国三十三所の巡礼と、一生に一度のことであるため、足を伸ばしました。

講は、幕藩体制のなかにあって認知されやすい旅行組織でありました。そうした講の組織化を促進させたのは、伊勢の場合は御師の営業活動があってのことです。

愛宕の場合も同様で、月参りさせるまでさかんにさせたのは、愛宕講を巧みにたぐりよせた、愛宕山坊人、愛宕法師たちの集客活動によるところが大きいと思われます。

一の鳥居のある鳥居本から五十町の道のりは、さすがに修験の行を思わせる風がありますが、寺社詣りとはいえ、一町ごとに茶店があったり、カワラケ投げの余興があったりと、険しい坂路を忘れさせる、まさしく物見遊山にふさわしいしつらえが施されています。

『都名所図会』に記されている愛宕詣りの皿駕籠のように、女性やお年寄りなど脚力の弱い人のための用意もされていました。

近代に入った昭和四年（一九二九）から、不要不急の名のもと姿を消した昭和十九年（一九四四）までの十五年間、愛宕山にケーブルが設置され、山頂にはオレンジ色の建物のホテルや飛行塔などが建てられ

図６　愛宕詣りの皿駕籠
（『都名所図会』）

写真14　愛宕山ケーブル
（絵入り葉書き研究所蔵）

ました。そのおかげで、物見遊山の参詣者たちのための茶店やカワラケ投げもなくなってしまいました。ケーブル復活とまではいわないまでも、せめて山頂までに一軒くらいの茶店があってもよいのでは、と思ったりします。

昔と比べれば愛宕さんへのお参りは格段に減ったものの、火伏せなど愛宕山への信仰は、昔と変わらず今も人びとの暮らしのなかに溶け込んでいます。

参考文献

アンヌ・マリ・ブッシー「愛宕山の山岳信仰」五来重編『山岳宗教史研究叢書十一　近畿霊山と修験道』名著出版、一九七八年

出雲路敬直監修・精華女子高等学校地歴クラブ編『京都の道標』精華女子高等学校、一九六六年
亀岡市文化資料館友の会編『私たちの身近にある石造物を訪ねて　愛宕灯籠』亀岡市文化資料館、一九九四年
宅間　博「道標――その歴史地理」京都教育大学附属高等学校『研究紀要』第十三号別冊、一九七三年
田中智彦「愛宕越えと東国の巡礼者――西国巡礼路の復元」『人文地理』第三十九巻第六号、一九八七年
八木透監修・鵜飼均編『愛宕山と愛宕詣り』京都愛宕研究会、二〇〇三年

第二章　火事と愛宕山

原島知子

◉はじめに

京都の西北にそびえる愛宕山は、火事を防ぐ火伏せの神として人びとに親しまれてきました。京都市および近郊の市町村では、各家の火を扱う場所、たとえば台所やお風呂場などに愛宕神社から受ける「火迺要慎（ひのようじん）」のお札を祀り、毎年七月三十一日から八月一日にかけて行われる、一日参れば千日分のご利益がある千日詣（せんにちまいり）にお参りしたり、子どもが三歳にならないうちにお参りすると一生火の難に遭わないという三歳参りをしたりします。またこうした個人的な参拝だけでなく、集落単位で愛宕講という組織を結成して、代表者が愛宕山に参り、講員全員分の祈祷をしてもらい、お札や火伏せの神花樒（しきみ）をもらって帰るところも多くあります。

さて、愛宕山が火伏せの神として定着した時期はだいたい江戸時代ごろと考えられていますが、その背景には、現在とは比べものにならないほどの火事への恐怖感がありました。元禄十二年（一六九九）に発行された『愛宕宮笥』の序文には本を出す経緯が以下のように書かれています。

（前略）世の中に恐れの中に猶をそるへかりけるは、火の難にこそあめれ。やつかれむかしより、一すぢに此事をのみつ、しみおもひて、書にもとめ人にたづね、自これをこ、ろみなどして、はしぐしるし置ける火の用心のことぐさを、あふ道つれの人にかたれば、か、る事を人にもしらせて家人のいましめにもせよかし、さあらば此御神の御心にもかなひてん、などあながちにいさめられ、ここかしこしるしをきけるを書集ぬ（後略）

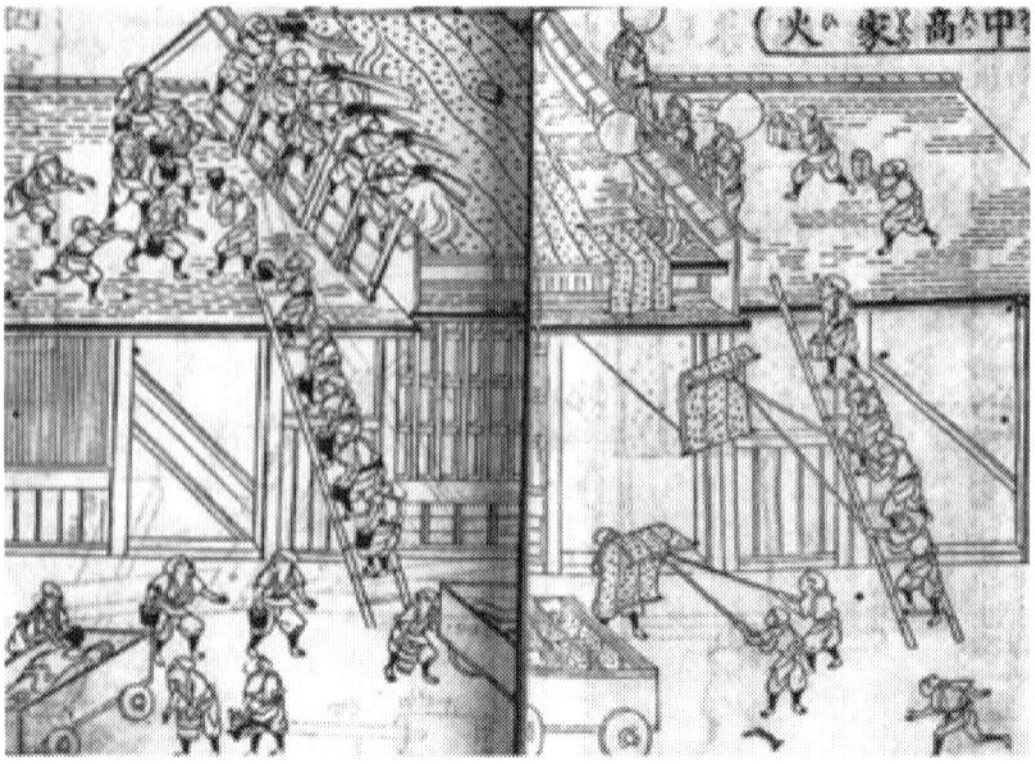

図１　「中高家火」（『愛宕宮笥』京都大学附属図書館蔵、亀岡市文化資料館『火伏の神愛宕さん』より転載）

筆者は、世の中の恐れの中で猶恐ろしいのは火の難であり、これまで火の用心に関する事項を集めてきました。愛宕詣の際に道連れの人にそのことを語ったら、それらを人にも知らせて家人の戒めにすると、この愛宕の神のお心にもかなうだろうといわれ、出版にいたったとあります。

序文の通り、同書には火事に関するさまざまな心覚えが列挙され、愛宕さんと火事が強く結びついていることがわかります。

以下、この書にもある、愛宕信仰の原点となる火事、火事に対する人々の取り組みと信仰についてみていきたいと思います。

◉火事と町の取り決め

京都の火事といえば、宝永五年（一七〇八）三月八日に起きた宝永の大火、享保十五年（一七三〇）六月二十日に起きた享保の大火、天明八年（一七八八）正月三十日に起きた天明の大火という、三つの大火がよく知られています。いずれも甚大な被害をもたらした大火事で、とくに天明の大火は、京都市中のほとんどを焼き尽くし、「応仁の乱以来の大惨事」といわれるほど悲惨なものでした。これらの大火につい目を奪われがちですが、江戸時代の京都では、ほかにも非常に多くの火事が起こっていました。

『月堂見聞集』という日記に記載された、享保年間（一七一六〜三六年）に起こった火事の件数をみてみると、少ない年でも、市中で十七件、洛外で十二件の計二十九件、多い年では市中で二十四件、洛外で十四件の計三十六件起こっています。日記という性質上、起こったすべての火事を網羅しているとはいいがたいですが、だいたい月に二回は、記録にとどめる程度の大きな火事があったといえます。その火事の規模はそれぞれ異なりますが、享保二年を例にあげると、一月には洛外の山崎で二百軒、松原通から万寿寺通の辺りで二十軒、紙屋町辺りで非人小屋が二十軒焼けています。続いて三月には東洞院通三条上ルで六軒、十一月には上賀茂村で百十七軒、御菩薩池で六十八軒、十二月には六地蔵辺りで六十軒が焼ける火事が起こっています。

このような状況下で、京都市中の町々はさまざまな取り決めをしてきました。享保十三年（一七二八）に仲之町で定められた「定」には、「多くは油断から出火するので、火の元をよく吟味すること」「風が

表１　享保年間の火災件数

	市中	洛外
享保１年	3	9
2	7	11
3	8	4
4	5	8
5	4	1
6	10	3
7	4	9
8	11	3
9	12	8
10	5	6
11	5	6
12	7	11
13	9	5
14	5	6
15	17	12
16	9	7
17	10	9
18	24	14
19	12	3

（『京都の歴史6』60頁表6より）

表２　享保２年の火事被害

年月日	場　所	被　害
享保2年1月	洛外山崎	２００軒
	松原～万寿寺、天使突抜～西洞院	20軒
	紙屋町辺り	非人小屋20軒
享保2年3月	東洞院通三条上ル町	6軒
享保2年11月	上賀茂、御菩薩池（深泥池）	上賀茂１１７軒、御菩薩池68軒
享保2年12月	伏見六地蔵	60軒

吹くときはたいかや風呂炊きはしないこと」と、とくに風が強いときに火の用心を心がけるよう書かれています。たとえば天明の大火の火元は鴨川の東、宮川町団栗図子の空き家でしたが、強風にあおられて火の粉が鴨川を越え、寺町にあった安養寺に飛び火したことによって、京都全体を焼き尽くす大火になりました。後には夜だけでなく、「風が強い日は昼間も夜も注意して回るように」という定も出されています。

では火事が起こってしまった場合はどうするのでしょうか。室町通夷川通から二条通にかけての両側町である冷泉町では、火事のときの対応を、元和六年（一六二〇）に定めています。

定条々

一　自然火事出来仕候時、亭主〳〵手桶ヲ持、火ノ本へ可寄候。若初中後、其所江不出人ハ、くわせんとして銀子卅枚可出候事。
一　借屋衆之御出なく候ハヽ、くわせんとして銀子拾枚御出し可有事。
一　火事出来候家々、こくちより弐間め迄ヲ、惣町中として家ヲこほしきり、後に惣中より本之ことく、すこしも無相違立なをし返し可申候事。
一　町中ノ中より火事出来候ハヽ、両方弐間つヽ、以上四間ハこほし可申候。其時其家主一言も違乱申ましく候。乍去火ノ本・風上ハ弐間、風下ハ五間、向ひハ三間之亭主ハそとへ不罷出候共、内ノしまい可仕候事。くわせんハいたし申間敷候事。
一　西東へたてなく、何事にても同事ニよりあひ、火ヲけし申へく候。家之義も□ニこほし、また立なをし候義も、西東として可仕候。仍後日状如件。

元和六　三月　〈署名・花押略〉　（「冷泉町記録」）

同条目には、火事が起これば、火元から風上二間、風下四間、向かい三間の家を除いたすべての亭主は手桶を持って現場に集まること、集まらないものは過銭を支払うこと、火事が起こった家から二間以内の家を壊すこと、またその際家主は一言も文句を言ってはいけない、壊した家は町で責任を持って元の状態に戻すこととあります。

同様な対処の仕方は、隣の亀山藩城下（現京都府亀岡市）でも見ることができます。「町方火事場定」（杉原家文書）によると、まず火事が起こると、消火に従事する人びとは火消しの道具を持って集合します。

火消しに使用する水は、つるべ役が井戸から水を汲んで水籠に入れておきますが、ひとつの井戸の水に限りがあるので、水を絶やさないよう複数の井戸を確保しておきます。まず、はしご役が屋根にはしごを掛けて、手鎌役、長鎌役、熊手役、酒林役が屋根に上ります。そして、手鎌役が屋根を棟から順番にめくっていきます。板葺きあるいは茅葺き屋根をめくった際に出る茅は燃えやすいので、長鎌役や熊手役がかき出します。そして、酒林役が飛んでくる火の粉を払っていきます。火勢が強い場合は、水籠役から水籠を受け取って、屋根に水をかけ、屋根の取り壊しを進めていきます。次いで、まさかり役と鋸役が家の中に入って柱や壁を切り付けた後、外から大縄を桁柱の隅に掛けて一気に家を引き倒します。

このように当時の消火とは、燃えさかっている火に水をかけて消すのではなく、燃えるものをなくす、つまり家を壊すことを意味していました。ひとたび火事が起これば、燃えるものを燃やし尽くしておさまるのを待つしかない、という状況からいかに火事が恐ろしく、人びとの生命や財産を脅かしていたかを容易に想像することができます。

◉町の祭祀

各町では、恐ろしい火事が起こらないように人知を越えた加護を願って、火伏せの神つまり、愛宕さんに対してさまざまな形で祈願を行いました。天明元年(一七八〇)の序を持つ木室卯雲著『見た京物語』には、「町々の木戸際ごとに石地蔵を安置す。是愛宕の本地にして火ぶせなるべし」とあり、京都の各町内では、愛宕の本地仏である地蔵を祀って火伏せを願いました。

町内における祭祀だけでなく、愛宕山まで参拝に行くことも多々あり、丹波亀山の旅籠町では「旅籠町町内仕来り定」に以下のように取り決めていました。

旅籠町町内仕来り定

一　毎月相廻し申候家別弐文もの者、毎年正月日祭り之砌其組合より申合、愛宕山へ参詣いたし候節、町内ヨリ之御百味料として大善院へ相納メ申候事

一　愛宕山江者日祭り組合より参詣いたし、五月九日ハ御祈祷札請帰り其宿へ御祭り可申之事

（「旅籠町自治会文書」）

一条目には、毎月各家二文ずつ集めたお金を、正月日祭りの際に愛宕山へ参詣するとき、大善院へ御百味料として納めること。二条目には、五月九日に愛宕山へ参詣し、御祈祷札をいただいて、当番の宿に祭ることとあります。大善院とは、愛宕山を支配していた白雲寺の六つの宿坊の内のひとつです。日祭りとは、一月、五月、九月の各十五日に町中が寄って夜をあかし、日の出を拝む、いわゆる日待ち行事のことで、つまり旅籠町では毎年四回大善院に百味料を納め、かつ年に一度祈祷をしてもらい、お札をもらってきたことがわかります。

前述の冷泉町でも三月・九月などに恒例の祈祷参りをしていますが、臨時の参拝もしています。たとえば、「冷泉町記録」元和六年（一六二〇）四月条には、「一　六匁　あたこ殿江、百味之さいせん。但、西かわも同し、合十二匁也。世上火事之はやり候時、御祈祷ニ」、同七年三月条には「一　六匁　あたこ

殿へ百味ノ時入用。鏡や丁火事之後ノきたう」、また同九年六月条には「十四夂　火事近辺ノ時、あたこ殿へ百味同道入用」とあり、世上で火事が多い際、あるいは近辺で火事が起こった際にとくに祈祷を頼み、あるいは百味を献じて火難を避けることができるよう願ったようです。

そのほか、自身に火事が降りかかったときにもやはりお参りに行きました。現在でも続けているところがありますが、「火事があまりひどくならなくてありがとうございました」というお礼であったり、あるいは「せっかく加護を頼んだのに、自らの不注意で火事を起こしてしまった」ことをお詫びする両方の意図がありました。宝永の大火について書かれた『音無川（おとなしがわ）』には、火事の詳細とともに火事後の愛宕参りについて記されています。

（前略）神とても時節到来は力に及ひ給はさりし。家をならべて門々の火除の札も験なく、遥に隔てし下賀茂は飛火の為に河合の宮も藁屋もひとつ灰と成、誰寝覚にも火の用心に油断もあらず。大々百味の講結ぶ袖も袂も引きあへぬ、愛宕詣もうはの空なる顔立てにて、身のうへに有事とおもはざりしはおろか成とはんなれと、火災にあはぬ人の多かりしに、今身の上と成果報の程こそつたなけれ。（中略）刹那が中に風かはりければ、後の事の弁へもなく先遁れたると悦びて、愛宕への礼参りとてとはかはと、内はいそかしい茶碗酒、坂はてるてる小哥ぶし、火除の札は十二銭、御影もはなにさし添えたんだ下りに嵯峨卸し（後略）

前半部分は、いかに神様といってもその時期が来た時は力も及ばず、各家の門のところに貼った火除けの札も結局験がなかった。皆火の用心をして油断もせず、愛宕詣もしたけれど、結局あまり効果がない願立てであった。と火伏せの神の利益もなかったとつづりますが、火事の様子をつづった中略後は、自分の家の方に吹いていた風が反対側に向いたので、「これで火事からもう逃れられる」と思い、最初は神様も結局力が及ばないといっておきながら、「これはやっぱり愛宕さんのおかげだ」とお礼詣に行きます。愛宕さんでは、火除けの札を十二銭で買い、また「御影も花にさし」と、火伏せの神花である樒をやはり受けて帰ってくるということが書かれています。

　このような火事があった際にすぐにお参りに行く事例はいろいろな地域で見られます。たとえば、嵯峨(さが)水尾(みずお)（京都市右京区）では、地域の役員のなかに、ショウジトとよばれる愛宕神社への代参役がいます。『嵯峨誌』の水尾村の項には、同役について「愛宕社の代参役。一年交代で二人ずつ務める。毎月亥の日、二十三日、出火の際には直ちに参詣することになっている。交代日は九月二十三日。この日は新旧四人で愛宕社に参拝する」とあり、火事が起こると必ず愛宕さんに報告に行くことになっていました。また同書には「延宝七年大火後、毎月愛宕講を行い、また四ヶ所に愛宕灯篭を置いて火回り番が愛宕社に献灯した」とあり、大火をきっかけに、火事が起こったそのときだけではなく、戒めをこめて毎月愛宕講を行ったことがわかります。同様に、嵯峨越畑(こしはた)（京都市右京区）では、昭和十七年（一九四二）四月十七日に大火があったことから、以後女性会によって毎年四月十七日、朝七時半に集落を発ち、神社で祈祷を受け、神符をいただく参拝が続けられていました（構成員の高齢化により一九九八年に取り止めとなった）。普通愛宕講といえば、本地仏(ほんじぶつ)である地蔵の縁日の二十四日もしくはその前日二十三日に講を行う場合が多いのですが、このように火事の起こった日を強く意識して続ける地域もありました。

◉愛宕山参道

では、各町より参拝する愛宕山の様子はどのようなものだったのか。愛宕山を描いた近世の絵図を使ってみてみましょう。

著名な神社仏閣では、境内の境界を示す絵図、境内と参詣者を描く参詣曼荼羅（まんだら）、参詣者の便宜を図る境内案内図など、さまざまな絵図が作られています。しかし、愛宕山に関してはその著名度のわりに絵図がなく、もっとも古い絵図として知られるのは、宝暦五年（一七五五）に森幸安によって描かれた「愛宕山ノ画（え）」（国立公文書館蔵）です。ただし、同画の記述には、「図する所はもと寿桜の絵なり。然れども山形、坂路および社堂の置く所、全うせざるや。故に其の大凡を正して、神廟佛刹の部に入る。然りと雖も、地図には非ざるなり。以って只愛宕山の絵と見るべし」とあり、もともと桜の絵であったものに山・坂・社堂などを描き入れ修正したもので、あくまで絵であって地図ではないと明言されている以上、細かい点の正確さは欠くといえます。しかし以後愛宕山を描いたものは、『都名所図会（みやこめいしょずえ）』など地誌の挿絵、または一枚ものの境内案内図・錦絵などの刷物ばかりで、愛宕山全体を詳細に描くのはこの「愛宕山ノ画」のみであり、やはり重要な資料といえるでしょう。以下、他資料の記述で補いながら、「愛宕山ノ画」をつぶさにみていきましょう。

図２　「愛宕山ノ画」（国立公文書館蔵）

図３　「愛宕山朝日峯」
（『都名所百景』佛教大学図書館蔵より）

鳥居本から清滝

絵図左下方にある鳥居は、嵯峨鳥居本（とりいもと）（京都市右京区）に現存する「一之鳥居」です。「是ヨリ愛宕山頂マテ五十町」という記述にあるように、愛宕山参拝の入口でした。一町は約百九メートルなので、山頂まで約五・五キロメートルの道のりとなります。明和四年（一七六七）から翌年にかけて愛宕山を訪れた巡見使の記録『京師順見記（けいしじゅんけんき）』には、

一の鳥居新敷見へ候前茶屋有、嵯峨より此所迄砥石并硯石を売、砥石は鳴滝砥と云。一の鳥居入口登り亀石道の中に有、先年は山の上に有之候由、此所へ山上より落候由也。同所に烏帽子石道の旁に有之、是より上り五十町、一町毎に石の丁印又は石地蔵尊に丁数彫付有之、四丁めよりこゝろみの坂、所々石灯籠有之、十一丁上り清滝川見事の石川也、岩組面白、清滝川板橋五、六間、橋右の方月の輪道石碑有之所の名清滝と云、此所茶屋あり、爰に馬を残す、此茶屋にて上下弁当五時前頃也。六丁めより此所迄下り坂也

とあり、参道一町ごとに石または石地蔵尊に町数が刻まれ、どれだけ進んだのか、ひと目でわかるようになっています。

次いで鳥居本から少し進んだところに坂があります。「世ニ云試坂」と

図4　「愛宕山ノ画」より鳥居本から清滝
（国立公文書館蔵）

書かれ、試峠と書く資料もありますが、名のとおり、愛宕山に登れるかどうかまず試みる坂だといわれています。時代は下がりますが、愛宕山の参道について詳述した嘉永五年（一八五二）刊行の『洛西嵯峨名所案内記』に「上り六丁下り六丁」と書かれる最初の難関で、古典落語の「愛宕山」は、愛宕山など簡単に登れると大口をたたいた男が、お尻を押してもらってようやく坂を登り、まだ愛宕山には登ってすらいないことに仰天する話から始まります。

試坂を越えると、愛宕山の宿場清滝村（現京都市右京区嵯峨清滝）です。「茶屋多シ」とあるように、たくさんの家が描かれています。『京師順見記』でも、清滝の茶屋で弁当を食べていますが、清滝は宿場に加えて、信仰上も重要な地点でした。集落の真中を流れる清滝川は、伊勢内宮の五十鈴川と同様に、愛宕山に参る前に身を清める水垢離場であり、前述した『愛宕宮笥』の筆者も、「清滝川の流に、心にけがれはさらずとも、せめて身のあかをばはらわんと、心ゆくばかり御祓して」と、禊をしたことを序文に記しています。延宝五年（一六七七）刊の『出来斎京土産』には、「これより立もどり愛宕をさしてゆく道の山の麓にながるるは。これなん清滝川といふ。愛宕にまうづる人まづ此川にて垢離をとるとかや」と書かれており、同書の挿絵には、川にかかる渡猿橋を渡る人、橋のたもとの茶屋で休憩する人に加え、褌一枚になって禊をする男が描かれています。

図５　「きよたき川」
（『出来斎京土産』より）

図６　「愛宕山ノ画」より火燧権現
（国立公文書館蔵）

火燧権現

清滝の宿場を抜けて少し登っていくと、二間一間の朱塗りの社が目につきます。清滝社火燧権現（ひうちごんげん）、あるいは下権現社（しものごんげんしゃ）ともよばれた社で、『愛宕山権現之記』に「且又愛宕山下権現、或者火燧権現、火伏権現と相唱、右神躰者火産霊尊相祭」とあるように、愛宕山頂と同じく火の神火産霊尊（ほむすびのみこと）を祀っていました。寛文五年（一六五五）成立の松野元敬著『扶桑京華志』には、「火燧権現ノ神社　在㆓清瀧ノ上㆒、乃四所明神也、伝言、若火㆓フレハ于洛㆒ニ此社鳴動、故得㆓是名㆒」とあり、京洛に火事が起これば社が鳴動するところから名づけられた、火事と深く関わりのある社でもありました。

またこの社は、愛宕山の権力交替を示す場所でもあります。現在愛宕山といえば、山頂に愛宕神社があるのみですが、慶応四年（一八六八）の神仏分離令以前は、前述した大善院などの宿坊を擁する、神宮寺の白雲寺が実権を握っていました。そしてさらにそれ以前の室町期には、大覚寺の寺務を執り行っていた坊官の支配下にありました。

愛宕山権現之記

愛宕山之儀者　伊弉冉尊　火産霊尊　□祭一山之寺号を白雲寺と称し其梵実者別に無し、一山之惣名二而右

白雲寺之所務を御寺務と相唱真言天台致兼学五ヶ坊有之候得共、従往古於　当御所被成御寺務坊官之内ニ而神事奉行相勤本社初都而致支配全祭主ニ御座候間、五ヶ坊ニ者平日社用ニ不為携神事奉行より宮守と申神職之者を差出置、朝暮燈明御掃除等為致□□候。祭日ニ者神事奉行参役□懇奠供神拝仕勅願之御祈祷相勤候（後略）

『愛宕山権現之記』は、嵯峨御所大覚寺から御伝達所に提出されたもので、同書によれば、愛宕山は白雲寺が寺務を司っているが、往古は大覚寺の坊官から神事奉行を出し、本社をはじめ愛宕山全体を支配する祭主であった、白雲寺五坊は平日の社用にも携わらず、神事奉行から差し出された宮守という神職が燈明をあげ掃除を行っており、祭日には神事奉行が勅願の祈祷を勤めたと、江戸時代以前から愛宕山を支配してきたことを述べ、白雲寺の権力を縮小するよう求めています。

火燧権現は、同書に「此社頭丈ケ者、往古之通リ神事奉行致支配、鍵も預リ居、平日宮守両人相付、神供燈明世話為致置、神事奉行より給□差遣御座候」とあるように、従来通り坊官から神事奉行を出し、祭礼や平日の神供燈明の世話をしており、愛宕山に神職の支配が及んだ唯一の場所といえ、また複雑な愛宕山の歴史を垣間見せてくれるともいえます。

眺望とカワラケ投げ

十二丁めより上り坂、壱丁毎に茶や有、笹巻しんこを売、十六町めを膳棚と云、十七町目火付権現の社上り右の方に有、十八丁めを壺わり坂と云、むかし公儀の御茶壺此山へ上りしに、此所にて割たる由、禁裏御茶壺は今に暑中は此山へ上り候由。廿五丁め茶屋にて休息、此所にて土器を投る、下の谷を土器谷と云、廿六丁めより大井川見へる、同向に嵐山、二尊院、小倉山、高尾等見へ景色宜。廿九丁め左の方銭掛松と云有、三十九丁め此辺亀山台と云、丹波国亀山の城眼下に見へる、左の方明智光秀抜道と云山道有之、今も所の者は丹波へ此道を越へ候由、東の方は洛中、伏見辺、淀川通り眼下に見へる（『京師順見記』）

清滝村の宿場を越えて以降は、九十九折（つづらおり）の山坂が延々と続きますが、要所に「茶ヤ」が描かれています。『京師順見記』には一町ごとに茶屋があることが記され、また「笹巻しんこ」が名物だとしています。これは、安永七年（一七七八）刊の『水の富貴寄（みずのふきよせ）』「名物之部」に「一上　あたごしんこ」と載せられるお菓子で、参詣者の多くが立ち寄り賞味しました。

また、「茶ヤ」の横に「カワラケナケ」と七ヶ所記されており、絵図中に説明が書かれています。

愛宕山、一ニ作二ル愛宕護一ニ、又愛太子、在二嵯峨村ノ上方一ニ、東面ノ坂路嵯峨、因テ又曰二嵯峨山一ト、峯ヲ曰二白雲一ト、雄峻高聳、曲盤至レル峯ニ五十町、下二瞰山丹二州一ヲ、民居樹竹歴々可レ辨、實ニ為二国鎮一、上ニ有二神社一、士庶来祷者、絡繹不レ断、或ハ擲二土盌一ヲ於空中一ニ、随レ風ニ、軽揚恰モ如二飛鳥一ノ、久而随二深谷一ニ、謂二之ヲ抛土器ノ戯一ト、榼カ原、南星峯又在二山中一ニ

それによると、遊び方は、土器を空中に投げ風に任せて飛鳥のように飛ばすもので、的に当てる形ではなかったようです。京都のどこからも愛宕山が見えることから分かるように、愛宕山からの眺めは大変よく、絵図中にも「此道ヨリ丹州眼下ニ望ム。其亀山ノ城見ユ」「此ノ道ヨリ丹州摂州一望中及ヒ紀州淡州ノ山

海見ユ」とあり、丹波亀山城の五層の天守がよく見え、また丹波、摂津、紀州、淡路島の山や海まで見通せました。『京師順見記』にも嵐山から亀山、淀川まで見え、「景色宜」とあります。愛宕山のカワラケ投げは、この素晴らしい眺望に向けて飛ばすもので、後に古典落語「愛宕山」や大念仏狂言「愛宕詣」に題材にとりあげられるくらい、参拝に訪れた人は必ずといってよいほど、楽しんだようです。

寛政元年（一七八九）三月十四日に愛宕山を参拝した司馬江漢（しばこうかん）も、

> 十四日、曇、朝飯後より愛宕へ参ル、（中略）夫より嵯峨の釈迦堂、茶店ニ休ミ、裏を出て愛宕へ行ク路、ふもとより五十町清滝なと云処アリテ路喰物アリ、人をも泊ル、女土器を投ル、妙なり、山上へ至レハ雪着残ル、夫より下り路にして、野山を越て北野天神へ出て、日暮前富ノ小路へかえりぬ
> （『江漢西遊日記』）

と記録を残しており、茶屋の女のカワラケを投げる腕がすぐれていたことを書き留めています。大阪の郷土雑誌『上方』第四十二号に収録された「昔の愛宕山参り」の刷物にも、上手なカワラケ投げを披露して参拝者の目を引く茶屋の女と思しき人物が描かれ、愛宕参拝の名物であったことがうかがえます。

図７
「昔の愛宕山参り」（大阪城天守閣蔵、『上方』第42号より）

◉愛宕山頂――社と寺

……杉の並木二、三町立つゝきたる陰を過れはからうして門前にいたりぬ。入て坂をしはしのぼれは、坊舎左右に立ならひ、一すちのたひらかなる道をひらきてきよらなる事、山こもりの住居ともおほえす。坊は八坊ありとそ、皆国の守の宇治へものする茶壷をあつけをかるゝ所也。坊を過れは石の階あり、此わたり石あるはかねの灯籠あまた左右にたてつゝけたり。坂のうへより本社へ廊をつゝけ階をのほり行事十間はかり、御まへにいたりてぬかつき、壇をめくりてしりへに出れは、おなしう廊をかまへて本地堂へつゝけり。地蔵大ほさちましますかたはらに、春日・子守・勝手・八天狗・飯綱の五社あり……（『思出草』）

眺めのよい参道を抜けると門が現れ、愛宕神社の境内へ入っていきます。寛政四年（一七九二）に参詣した『思出草』の筆者津村淙庵は、門をくぐって坂を少し登ると、坊舎が左右に建ち並び、とても山中とは思えない。それを過ぎると石の階段があって、左右に灯籠が並んでいる。さらに登って本社へ額ずき、壇を巡って後方に出るともうひとつの堂に続いており、傍らには五つの社がある、と記しています。

図中には、その記述とほぼ同様に、門と六つの坊舎が描かれ、その上には鳥居と鐘楼、廊下を経て本殿、後殿と続きます。図中の文には「阿多古神社在二愛宕山頂朝日ノ峯一」。正殿・後殿・拝殿・神社七前、護摩堂・宝蔵・鐘楼・厨所・僧院五区」とあり、描かれている建物以外に、拝殿や護摩堂、厨所があったことがわかります。「神社七前」と書かれた社は『京師順見記』によると、十二天社・春日社・子守勝手

図８　「愛宕山ノ画」より愛宕山頂
（国立公文書館蔵）

図９　「愛宕山細図」
（『京都社寺境内版画集』京都大学附属図書館蔵より）

社・八天狗社・飯綱社・熊野権現社・弁財天社の七社で、本図ではどこにどの社があったのか明記されていませんが、安政年間（一八五四〜一八五九年）に出された刷物「愛宕山細図」によれば、弁財天社は鐘楼の奥にあり、以外は本殿・後殿の横にありました。また同図および『京師順見記』には、鐘楼の横に神宝蔵、上り廊下下に集会所（『京師順見記』では籠堂）が記され、さまざまな建物があったことがわかります。

愛宕山の祭神

さて現在の愛宕山では、本社に稚産日命・植山姫命・伊弉冉尊・天熊人命・豊受姫命の五柱が祀られて端御前と称し、若宮に雷神・迦遇槌命・破无神の三柱が祀られて奥御前と称していますが、当時の祭神を少しくわしくみてみましょう。

『京師順見記』には、本社にあたる本殿の中央に勝軍地蔵尊、左に不動明王、右に毘沙門天が、若宮にあたる後殿には中央に太郎坊、左に役行者、右に宍戸司箭が祀られていたとあります。まず本殿について、当時のガイドブック『都名所図会』には、「本殿は阿太子山権現にして、祭所は伊弉冊尊、火産霊尊なり。本地は勝軍地蔵を垂迹となし、帝都の守護神として火災を永く退け給ふなり」とあり、本殿の祭神は愛宕山大権現にして、伊弉諾尊とともに日本の島々と多くの神々を産んだ女神伊弉冊尊であり、白馬に乗り、甲冑をまとい、剣と錫杖を持った勝軍地蔵として祀られていました。一方後殿の祭神は、『雍州府志』に「奥院は所謂太郎坊にして、是れ軻遇突智神を祭る者なり」とあり、愛宕太郎坊と俗によばれる天狗であると同時に、生れ落ちる際に母伊弉冊尊を火傷させて殺してしまった火の神、軻遇突智神を祀っています。他資料では、勝軍地蔵を五八三年に敏達天皇に招かれて百済から来日した僧日羅（?〜五八三年）とし、太郎坊を空海の弟子にして神護寺別当となって同寺を発展させた真済（八〇〇〜八六〇年）とする異説もありましたが、この「愛宕山ノ画」の時代にはほぼ前述の解釈で定着したようです。

本殿の脇侍の不動明王・毘沙門天は一般によく知られた仏ですが、後殿の脇侍の二者、役行者・宍戸司箭はいずれも愛宕山に深い関わりを持つ人物です。まず修験道の祖とされる役行者は、江戸時代前期に愛宕山の由来や伝承について問答形式で書かれた『愛宕山神道縁起』が引く「古縁起」に、愛宕山を開山した人物として登場します。すなわち、大宝年間（七〇一〜七〇四年）に、役行者と白山の開祖として知られる泰澄（六八二〜七六七年）が、清滝から愛宕山に登ろうとした際、地蔵・龍樹・富樓那・毘沙門・愛染の五仏が現れ、さらに大杉の上に天竺の日羅・唐土の善界・日本の太郎坊が九億四万余りの天狗を率いて現れ、加護を約束します。二人はそれを受けて朝日峰・大鷲峰・高雄山・龍上山・賀魔蔵山の五岳を置き、朝廷の許しを得て朝日峰に神廟を立てるのです。同書は、その後天応元年（七八一）に慶俊が愛宕山を中興し、和気清麿（七三三〜七九九年）が朝日峰に白雲寺、大鷲峰に月輪寺、高雄山に神願寺、龍上山に日輪寺、賀魔蔵山に伝法寺を建立して、愛宕大権現として鎮護国家の道場としたと続けますが、愛宕山開山に関わったのは決して役行者一人ではないことに気がつきます。また、『雍州府史』に代表される地誌には、昔愛宕神社は京都の北、鷹峯の東隣にあり、天応元年（七八一）に慶俊が今の愛宕山の霊地を開いて移したという由緒のみを記し、役行者を絡めていません。『愛宕山神道縁起』でも、卜部兼光の『神祇拾遺』を引いて、「古縁起には役行者と泰澄が開祖となっているが、諸伝記を見るとすべて慶俊を第一世としている」としています。では、役行者以外の立役者達が祀られていないか、といえばそうでもなく、後の資料『洛西嵯峨名所案内記』には、もう一人の開山者泰澄、中興した慶俊、和気清麿に加えて、開山時の天皇、文武天皇（六八三～七〇七年）と、中興時の光仁天皇（七〇九～七八一年）の計五人を祀る祖師堂が載せられています。しかし、役行者を後殿の祭神として祀るのはやはり別扱いであり、愛宕山と修験道の関わりの深さをあらわしていると考えられます。

後殿のもう一人の祭神宍戸司箭は、『寺院記』「宍戸司箭之事」によると、安芸国高田郡の出身で毛利輝元に仕え、「兵法ニ志源きかために愛宕権現を信」じており、初めは安芸国から一年に一度ずつ愛宕山に参詣し、その後一月に一度、最後には毎日参詣したという人物で、後に神通力(じんつうりき)を得て愛宕太郎坊の眷(けん)属(ぞく)と称したため、脇待として祀られたとあります。また同書には、「太郎坊舎造営之後、古社原村之宮ニ建立、元此宮宍戸司膳建立之社ナリ、蟇俣ニ紋牡丹之唐草司膳御作」とあり、後殿太郎坊舎を造営した後、古い社は山腹の原村の宮として建立したが、この元の社は宍戸司膳が建てたもので、蟇俣(かえるまた)の牡丹唐草は司箭が作ったものだとあります。この原村の社は現在も四所神社(ししょじんじゃ)として祀られているもので、同社の掲額には、

由緒天文廿一壬子年三月四日勧請。原村かぶとの森の内東西二間半南北五間の地は四所権現の社有地にて、福寿院再興第二世幸海僧正の開基なり。安芸国高田郡の勇士富町殿之家臣宍戸司箭は後柏原院御宇永正甲子年愛宕山奥ノ院太郎坊の社を始めて建立。それより四十九年後天文廿一年壬子年愛宕山造営の時、右の古社を領分原村に下して幸海僧正大権現を勧請す。その事は古記録に清滝の上に四所権現あることを思いあたり我が領分原村かぶとの森に建立す。承応壬子年福寿院第七世幸和法印右の四所権現の社造営す。昔

> は愛宕山大権現の氏子二百あり、右天文廿一年四所権現の社を建立してより、この社を氏神として仰ぎ、この社にて、愛宕権現の神事を勤め申す。右野村に限らず愛宕下麗谷村、原、越畑、水尾坂、嵯峨皆々当山権現の氏子にあり云々

と書かれ、永正甲子年（元年＝一五〇四年）司箭が建立した古社を、天文二十一年（一五五二）に愛宕山の造営がなされた際に、原村に下したことが詳述されています。司箭も神通力を持つなど修験道に関わる人物といえ、地蔵を中心に据える本殿と天狗を中心に据える後殿の性格の違いをみてとることができます。

宿坊

参拝の後は、門を入ってすぐに建ち並ぶ宿坊にて休憩し、あるいはお札などを買い求めて帰洛しました。元禄十年（一六九七）に愛宕参詣をした浅香山井は、末社まで残らず順礼した後、知己のいる大善院に立ち寄っており、座敷に通されて酒食の接待を受けています（『都の手ふり』）。「愛宕山ノ画」のなかには、社殿に向かって参道の右に手前から教学院（きょうがくいん）、福寿院（ふくじゅいん）、長床坊（ながとこぼう）、左に手前から宝蔵院（ほうぞういん）、威徳院（いとくいん）、大善院の六坊が描かれています。説明に「右坊舎六区ノ内、五区ハ旧是白雲寺ノ寺院七千七百寺ノ僅ニ残リ存スル所也」とあり、前述の「古縁起」にも「五千坊を営む鎮護国家道場」という記述があるので、もとは隆盛を誇った大寺の一部が残ったものと認識されていることがわかります。実際、各坊は十五世紀後半から十六世紀前半を中興の時期としており、『寺院記』には、教学院が権僧正祐仙（ごんのそうじょうゆうせん）によって永正十七年（一五二〇）、福寿院は権僧正幸海（こうかい）によって大永元年（一五二一）、長床坊は法印祐厳（ほういんゆうげん）によって延徳二年

（一四九〇）、威徳院と大善院は法印行厳（ぎょうげん）によって大永四年（一五二四）に中興されたと記載され、衰退した白雲寺の一部がこのときに再興されたとみなすことができるでしょう。残る一坊、宝蔵院は、『攝州府志』に

始め寺中に五坊有り。其の内四坊は天台宗なり。所謂る勝地院・教学院・大善院・威徳院是なり。真言宗一院有り。福寿院と曰ふ。其の一代僧別に宝蔵院を建て、退隠の処となす。爾後斯院に亦住僧連綿たり。之により今は六坊たるなり。大覚寺門主、寺務たり。然れども近世四坊僧多は山門より来り住す。故に輪王寺門主に属す

とあるように、元亀二年（一五七一）に福寿院の退隠の坊として始まったもので、以後五坊から六坊となりました。しかし扱いは当初からある五坊と異なり、長床坊が百五十石、以外の四坊が百二十五石五斗二升六合ずつの寺領を持っているのに対し、「代々福寿院末寺知行廿石宛行もの也」（『寺院記』）とあくまで福寿院の末寺の形で扱われたようです。また愛宕山について決議する「寄合」にも宝蔵院からは出席せず、五坊のみで決められていました。

坊舎の構造は、『愛宕山長床坊再建御寄付記帳』記載の「長床坊略図」にくわしく描かれています。同書には「寛政年中に一山ことごとく灰塵となり、其後御仮建に而御安置奉り候処、星霜を経ても再建相ならざるうへ、天保元年大地震之節当山取訳厳敷揺り、御仮建ハ申ニおよバず、坊舎一円大破におよび宿坊も相勤り難」とあり、寛政年中の火事および天保元年の大地震によって大破し宿坊も勤まりがたいた

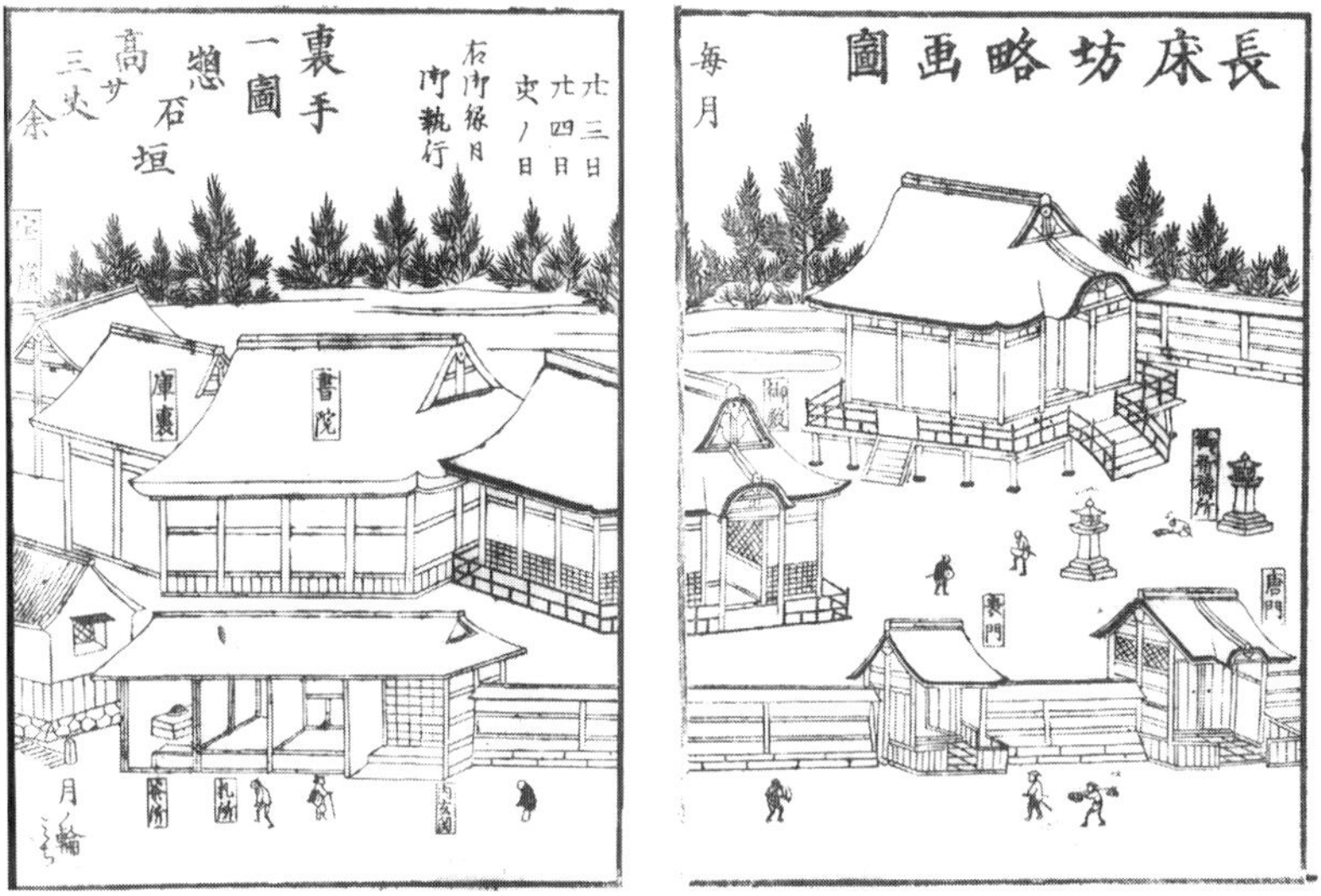

図10 「長床坊略図」(『愛宕山長床坊再建御寄付記帳』京都府立総合資料館蔵)

め、再建の為の寄付を募りたいと記しており、寛政以前の坊舎の様子が挿図として描かれていると考えられます。図によれば、坊舎の周囲に塀が巡らされ、内部に御祈祷所、御殿、書院、庫裏が建ち並んでいます。『雍州府志』に「列国□伯六坊の僧に憑て祈祷を修す。故に各年俸を寄す」とあることから、この御祈祷所において、日々の祈祷を行っていたと考えられます。参道に面したところには「札所」と「茶所」があり、参詣者は各坊にて火伏せのお札を求め、あるいは茶所で休憩したようです。

各坊はそれぞれ諸国に檀那場を持っており、たとえば福寿院では肥後熊本、若狭小浜、豊後求菩提山、伊勢白子、伊勢桑名、尾州藤森など十七ヶ所があげられ(『寺院記』)、各地から来る参詣者はどの坊に泊まるか定まっていましたが、しばしば奪い合いもありました。『寺院記』記載の「元禄九子年九月廿五日寄合」では以下のような取り決めがなされました。

担方奪取合中間敷定之事

当山前々より於坊人仲間担方奪合見苦敷候、曽以諸寺諸舍ニ無之旦方手合ニ候事、五坊一所之隣坊仲間として狼籍千万成事他之嘲無是非候段、壱人成とも奪取族有之候ハヽ、其旨告知候上、遂穿鑿、曲事可申付候、然者自今以後面々相嗜可申付候、若此旨於違背者、眼近之坊人出入坊人者不及申ニ、年寄為坊人と云共、無用捨急度可令追放候、且由緒有之候と而親類縁類之知行所、或者支配下等、其以外本人申候共、此法度之旨相改一切承引申間敷候、如此義猶以互ニ不実成事ニ候、右之赴堅相守り、向後相嗜可申候、一在所之内五坊旦方入雑有之、講参之砌者他坊之担那も何之坊へ成共一所ニ来事有之、其節者他坊之旦那者其坊へ断申述、宿坊ト相対次第、当着其坊ニ成共閣其上旦方へ断可申候ハヽ、当山殊之外法度厳罷成候、余坊之旦那留置候事難成候、此度者此之通ニ候へ共、重而講参之節者其心得被致、面々坊江被相着候様ニ無越度可談置候事、当山之壇方ニて候へ共、宿坊之名ヲ不覚して宿り申度由申之、或者札受申度与風来客有之候節者、能々致吟味候而、他坊へ参り可被承由申、自坊之外他坊之担家ニ候ハヽ、手前ニ留置申間敷候、他坊之旦那しらぬ体ニて留置、後日ニ相知レ候ハヽ、急度曲事可申付事也、

同条には、前々から坊人仲間が壇家（担方）の奪い合いをしており、たいへん見苦しい。五坊が一ヶ所に集まる隣坊仲間なのだからこれは狼藉千万の振舞いで、以後違反者は追放処分とする。とくに講参では異なる坊の壇家が連れ立ってくることもあるので、よくそれぞれの宿坊を確かめて、他坊の壇家を自坊に泊めぬようにと、厳しく定められています。

◉愛宕山で受けるもの――樒・お札

各町から愛宕山に参拝した人びとは、祈祷を受けるとともに、お札や火伏せの神花である樒を受けて帰ってきました。いずれも愛宕の火伏せの霊威が込められたもので、町での祭祀に使用されました。愛宕山でお札などを受ける様子は、黒川道祐が延宝五年（一六七六）に編んだ『日次紀事』に詳述されています。

六月二十四日［神事］愛宕詣

今日愛宕詣。当二平日千度一。俗謂二千日詣一。男女混雑不レ可二挙数一。或供二百味一、又献二米銭一。而寺僧六坊之中入下常所二相知一之坊上而休憩。坊人饗二酒食一。是謂二坊着一。則買二火札一帰洛。求二樒枝一著レ粽肩レ之帰為二苞苴一。樒枝各挿二竈上一。若レ此則免二火災一云。六坊毎レ州有二壇越一。不レ択二貴賎一。毎年使下二中衆一送レ礼贈上贄。勤二此使一者謂二中衆一。

これは、千日詣という平日の千日分の利益がある日の様子で、近世には六月二十三日から二十四日にかけて多くの人が参拝しました。参拝者は百味や米銭を献じて、先述したように日ごろから馴染の宿坊で休憩し接待を受けます。帰りにお札と、別に樒枝を求め、土産としますが、樒枝は帰宅後竈（かまど）の上に挿すことによって火災が起こらないとされました。同書の記述にある肩に樒をかつぐ姿はよく見られたらしく、京都の名所を描いた『都名所百景』の「愛宕山朝日峯」にも、愛宕山を眺める人びとのなかに、樒をかついだ男の姿が描かれています。

津村淙庵（つむらそうあん）著の『譚海（たんかい）』（安永五～寛政七年〔一七七六～九五〕）には、

> 又あたご山にしきみが原とてしきみの限り生ずる地有、京中の人毎月十四日登山のたよりに、此しきみを壱把づつ取帰り、家にたくはへて毎朝竈下の火に一葉づつ焚て、ひぶせのまじなひにする事也

と、竈に挿すにとどまらず、毎朝竈下の火で葉を一枚ずつ焚くことが火伏せの呪（まじな）いとなることが書かれています。『愛宕宮笥』にも、

> 人家に愛宕の樒葉を火にくぶること
>
> 人家に愛宕の樒の葉を毎朝かまどにくぶる者多し。ある人、その故を問う。主の言う。最も愛宕のご利益も深かるべし。まず、これをくぶるというにて、火の用心、心に浮かぶ故、心に戒むることにもなり得る。かかる心のつくが愛宕のご利益なるべしといえる

とあり、人家で愛宕の樒の葉を毎朝竈にくべる理由は、「毎朝葉をくべるときに、火の用心が心に浮かぶので、火事を起こさないように心を戒めることになる。そのような心の気付きようが愛宕のご利益となる」と書かれています。

竈に樒をくべる習俗は、竈が消える近年まで続いており、毎朝樒の葉を一枚ずつ竈にくべていた話を今

でも聞くことができます。現在も愛宕参道にある、俗にハナ売場とよばれる樒売場では、「伊勢へ七度、熊野へ三度、愛宕さんへは月参り」という古歌があるように、かつては毎月愛宕山にお参りして樒を受けて帰る人が多かったので、三十日分もつように、必ず三十枚以上葉がついている樒を売っていたといいます。また、愛宕さんの樒は普段仏壇に供える樒とは異なって特別だといい、枯れても葉が落ちない、風邪のときに煎じるとよい、味噌の上に載せると腐らないなど、火伏せとは少し異なった用い方もされます（京都市京北町五本松地区）。

また、現在は「阿多古祀符火迺要慎」と書かれたお札がお馴染ですが、近世期は「愛宕山大権現守護所」と書かれた朱札と、声聞地蔵・毘沙門天・不動明王を描いた「三尊図像」の二種をセットにしたものでした。お札を出すのも白雲寺の各宿坊、長床坊・大善院・教学院・福寿院・威徳院・宝蔵院で、各坊は「御祈祷之札　大善院」と、自坊の名を印刷した包紙にお札二種を包んで出していたようで、兵庫県の旧家では大善院より出されたお札と包紙が大量に見つかっています。

◉むすびにかえて

火事と深く結びついた愛宕信仰は、江戸時代に入って火事の頻発と対応するように、さかんに行われるようになります。自身が火災に遭った際のお礼・お詫び参りに限らず、近辺で起こればまた参詣し、また愛宕講のように定期的に行うところも出てきます。対して愛宕山では参道に茶屋、しんこやカワラケ投げなどの楽しみを設け、さらに多くの参詣者を迎えるよう整備をしていきました。

ただ私たちは現在の姿がそのまま昔まで遡るようについ考えてしまいますが、愛宕山は初めから火伏せの神として知られていたわけではなく、とくに戦国時代においては、本地仏が勝軍地蔵であることから戦の神として崇められ、本能寺の変を起こした明智光秀を始めとする多くの武将の信仰を集めました。最初に述べたように、江戸時代に入ると火伏せの神としての性格が全面に出てくると考えられていますが、愛宕は武家の尊崇するものという意識はその後もあり、たとえば元禄六年（一六九三）の自序を持つ、艸田子著『年中重宝記』巻之四「豕子の事」には、「又武家に亥子をいハふ事ハ愛宕の縁日ハ亥の日也。亥の月の亥の日なれバ今日をいハふ事也。愛宕ハ将軍地ぞうにして武士の信ずる山なれバ也。」と書かれ、十月の亥の日に行われる亥子行事を武家が祝うのは、武家の信仰する愛宕の縁日が亥の日であるためと説明しています。ほかにも、中世における地蔵信仰、天狗信仰など、長い歴史を持つ愛宕山では、いくつもの信仰が重層的に存在しています。愛宕信仰を考える上で、火伏せだけでなく、これらの重層性についても、今後論じていく必要があるように思います。

参考文献

『愛宕宮笥』（京都大学附属図書館蔵）

『愛宕山権現之記』（山岳宗教史研究叢書十八　修験道史料集Ⅱ）、名著出版

アンヌ・マリ・ブッシー「愛宕山の山岳信仰」五来重編『山岳宗教史研究叢書十一　近畿霊山と修験道』名著出版、一九七八年

『右京区制五十周年記念誌』右京区制五十周年記念会、一九八二年

『音無川』（新撰京都叢書　第十巻）、臨川書店

『思出草』（史料京都見聞記　第三巻）、法蔵館
上方郷土研究会編輯『上方　第四二号』創元社、一九三四年
亀岡市史編さん委員会編『新修亀岡市史　史料編二』亀岡市、二〇〇二年
亀岡市文化資料館『火伏の神愛宕さん――亀岡の愛宕信仰』二〇〇三年
京都市編『京都の歴史六　伝統の定着』学芸書林、一九七三年
『京師順見記』（史料京都見聞記　第三巻）、法蔵館
『月堂見聞集』（続日本随筆大成　別館二・三・四）、吉川弘文館
『寺院記』（野々村みつる氏蔵）
『日次紀事』（新修京都叢書　第四巻）、臨川書店
『年中重宝記』（日本庶民生活史料集成　第二十三巻　年中行事）、三一書房
『見た京物語』（日本随筆大成　新装版　第三期八）、吉川弘文館
八木透編著『京都の夏祭りと民俗信仰』昭和堂、二〇〇二年
八木透監修・鵜飼均編著『愛宕山と愛宕詣り』京都愛宕研究会、二〇〇三年
『冷泉町記録』（日本都市生活史料集成　三都編一）

第二章 愛宕山坊人・愛宕法師・愛宕山家来

愛宕山と山麓の村々

前田一郎

◉はじめに

これまであまり注目されることのなかった愛宕山坊人（ぼうにん）、愛宕法師（ほっし）、愛宕山家来という宗教者に注目して、江戸時代の愛宕山と山麓の村々との深い関わりを明らかにしようと思います。彼らはいずれも愛宕山に属しており、愛宕山の山麓の村々に居住する宗教者であります。

まず愛宕山坊人は、管見のかぎりでは、山城国葛野郡越畑村（京都市右京区越畑）と丹波国桑田郡馬路村・池尻村（以上亀岡市馬路町）、出雲村・小口村（以上同千歳町）で確認できます。越畑村には愛宕山教学院・大善院・威徳院の各所領がありました。馬路村以下四か村は旗本杉浦氏の知行地です。次に愛宕法師は亀山藩領の丹波国桑田郡の南保津村と北保津村（亀岡市保津町）で確認できます。また愛宕山家来は山城国葛野郡原村（京都市右京区原）で確認できますが、この原村には愛宕山福寿院の所領がありました。彼ら以外にも丹波国桑田郡江島里村（亀岡市千歳町）で愛宕山に出勤している者を確認していますが、地元では「あたごぼうず」「あたごぼんさん」とよんでいたようです。江島里村は旗本津田氏の知行地と亀山藩領の所領がありました（表1）。

◉愛宕山坊人

白雲寺六坊と愛宕山坊人

近代以前、愛宕山は神仏が習合していたことから、愛宕山を中心的に運営していたのは仏教であり、具体的には愛宕山上にあった白雲寺です。宝暦九年（一七五九）の「比叡山延暦寺本末帳」（『続天台宗全書』所収）によれば、白雲寺は天台宗寺院として比叡山延暦寺の直末で輪王寺宮の支配を受け、白雲寺の寺務は真言宗の大覚寺門跡が勤めていました。白雲寺は長床坊（勝地院）・大善院（上之坊）・威徳院（西之坊）・福寿院（下之坊）・教学院（尾崎坊）の五つの坊によって構成されますが、福寿院

表1　村一覧

村名	国郡	村高	領主	典拠
越畑村	山城国葛野郡	239石	愛宕山教学院・大善院・威徳院各61石余＋公家高野家55石余（享保14年）	『史料京都の歴史』右京区編
馬路村	丹波国桑田郡	1520石余	旗本杉浦氏（天保年間）	『新修亀岡市史』資料編第2巻
池尻村	同上	377石余	同上（同上）	同上
出雲村	同上	158石余	同上（同上）	同上
小口村	同上	123石余	同上（同上）	同上
南保津村	同上	1174石余	同上（同上）	同上
北保津村	同上	955石余	同上（同上）	同上
原　村	山城国葛野郡	165石余	愛宕山福寿院101石余＋公家広橋家64石余（享保14年）	『史料京都の歴史』右京区編
江島里村	丹波国桑田郡	168石余	旗本津田氏126石余＋亀山藩42石余（天保年間）	『新修亀岡市史』資料編第2巻

以外はすべて天台宗で、福寿院だけが天台宗・真言宗の兼学であり、その境内には宝蔵院がありました。また各坊は本寺として末寺を、長床坊が四か寺、大善院が三か寺、威徳院が一か寺、福寿院が五か寺、教学院が三か寺を、それぞれ有していました（表2）。白雲寺のこれら六坊のうち、五坊は江戸の将軍家から朱印状によって六百五十二石余の所領が認められています（『寛文朱印留』下所収）。

愛宕山五坊領、山城国紀伊郡両村、愛宕郡三箇村、葛野郡三箇村、乙訓郡両村、丹波国桑田郡西原村所々之内、都合六百五拾弐石余事、任二先規一寄二附之一訖、并境内山林竹木諸役等免除、如二有来一可レ配二当之一者也、仍如レ件

寛文五年七月十一日

御朱印

表2　末寺一覧

本寺	末寺	所在	備考
長床坊	薬師寺	丹波国桑田郡河原尻村	
	快応寺	丹波国桑田郡神吉下村	
	新白雲寺	出羽国村山郡小白川村	
	瑞光寺	紀伊郡海士郡塩屋村	愛宕山円珠院寺中三箇寺
大善院	松寿院	備前国御野郡岡山	
	真如庵	丹波国船井郡氷所村	
	雲前寺	丹波国天田郡前田村	
威徳院	神宮寺	丹波国桑田郡山本村	
福寿院	宝蔵院	福寿院境内	真言宗
	月輪寺	山城国葛野郡	鎌倉山、真言宗
	宝珠院	同上	歓喜山、真言宗
	般若寺	山城国葛野郡原村	天台浄土宗
	重勝院	丹波国桑田郡馬路村	
教学院	東之坊	丹波国桑田郡山国荘塔村	
	臨海院	越前国敦賀郡清水村	
	教寿院	佐渡国雑太郡相川	

これは四代将軍徳川家綱が愛宕山の五坊に対して六百五十二石余の領知を寄付し、境内の山林竹木諸役などを免除するという内容であり、愛宕山の五坊はいわゆる朱印地寺院ということになります。したがって住職を継職する場合には継目（つぎめ）御礼として参府し、年頭御礼には代僧が参府しました（長床坊は年頭御礼に加えて九月十六日にも代僧が参府しています。「寺格帳」、『改訂史籍集覧』所収）。代僧は各坊の役者が勤めました（廣瀬春雄家文書、亀岡市史写真版）。

愛宕山では朱印状にしたがって五坊に所領を配当することになりますが、その内訳は表3のようになっており、山城国を中心に丹波国桑田郡にも所領があったことがわかります。所領は長床坊の百五十石を筆頭に、残りの四坊には百二十五石余りずつ均等に配分されています（「寺院記」、野々村みつる家文書、亀岡市文化資料館写真版）。また福寿院の末寺宝蔵院には所領は配分されていません。つまり白雲寺の五坊は寺院であり、かつ所領をもつ領主ということになります。

表3　所領一覧

坊	石高	所付	石高
長床坊	150石	芹川	99石5斗7升5合
		鴨川	33石2斗3升5合
		西院	14石9斗7升5合
		西田村	2石2斗1升5合
福寿院	125石5斗2升5合	原村	101石9斗6升
		鴨川	23石5斗6升5合
大善院	同上	越畑村	61石2升
		上賀茂	3石3斗
		千本	4石9斗4升4分5勺
		壬生	7石1斗8升5分5勺
		鴨川	28石4斗
		西田村	20石1斗9升5合
教学院	同上	越後村	61石5斗
		鴨川	28石4斗
		壬生	9石1斗3升5合
		紙屋川	5石2斗3升
		西田村	21石5斗7升5合
威徳院	同上	越畑村	61石6斗
		西院	9石5斗6升5合
		太秦	3石9斗6升
		鴨川	58石4斗
		西田村	22石

所領の配当に違いがあるように、五坊の間には、継目御礼の際に下賜される拝領物、年頭御礼をする必要があるかないか、年頭御礼をして帰国する際に御暇をする必要があるかないかなどによって寺格に違いがあり、寺格の高い順に挙げると、長床坊・大善院・威徳院・福寿院・教学院という序列になっていました（「寺格帳」）。こうした六坊にそれぞれ帰属するものが愛宕山坊人ということであります。

近世でも早い時期の史料で坊人の仕事を確認しますと、延宝五年（一六七七）に刊行された有名な黒川道祐の『日次紀事（ひなみきじ）』があります。これは京都の年中行事を記したものですが、六月二十四日条に愛宕山の千日詣（せんにちもうで）の記事が見えます（『新修京都叢書』第四巻所収）。

［神事］愛宕詣　今日愛宕詣当二平日之千度一、俗謂二千日詣一、男女混雑不レ可二挙数一、或供二百味一、又献二米銭一、而寺僧六坊之中入下常所二相知一之坊上而休憩、坊人饗二酒食一、是謂二坊着一、則買二火札一、帰路求二樒枝一著レ粽肩レ之帰為二苞苴一、樒枝各挿二竈上一、若此則免二火災一云、凡六坊毎レ州有二檀越一、不レ択二貴賤一、毎年使下中衆送レ札贈上レ贄、勤二此使一者謂二中衆一

これによれば、千日詣は六月二十四日に愛宕山に参詣すれば、愛宕山に千日参詣したことに相当するというものであり、参詣者は百味料・米銭を寄進した後、山上にあったよく知っている坊舎で休憩し、坊人による酒食の饗応を受けます。これを坊着（ぼうつき）といっていました。その後、休憩した坊舎で火札を購入して、帰りがけに樒を求めて、それに粽をつけ、肩にかけて土産にして帰り、その樒をかまどに挿して火除にしたということです。坊人はこのように各坊において酒食の饗応や火札販売など参詣者を接待をする役目で

あったことがわかります。また坊人のうち、国ごとにいる檀那（檀越）に御札を送って愛宕山に贄（にえ）という供物を贈らせる際に、使いとなる者を中衆（なかしゅう）といっていました。

このように各坊には国ごとに決まった檀那がいて、坊檀関係とでもいうべき一種の寺檀関係があったわけですが、「寺院記」という史料によれば、元禄期前後（一六八八～一七一四年）にそうした坊と檀那との関係を無視する事態、つまり坊人による檀那の奪い合いが顕在化したことがわかります。

そこで元禄九年（一六九六）に教学院・大善院・福寿院・長床坊・威徳院の五坊の役者が寄り合って、檀那（旦方）を奪い合うことを禁止し、坊と檀那との関係を厳格に守るべきという「定」を出しています。まず五坊の役者は坊人仲間が檀那を奪い合うことを見苦しく、五坊一所の隣坊仲間として狼藉千万な事で、他の嘲りも是非がないとしています。もし檀那を奪い取る族がいれば、そのことを役者に告知した上で穿鑿をして処罰するとしています。違反した場合には用捨なく必ず追放するとしています。また五坊の檀那が入り雑じっている講で参詣した場合には、他坊の檀那も一緒に来るということがあるが、そのときには愛宕山は法度が厳しく、他坊の檀那を留め置くことはできないといって、もともとの坊檀関係のある坊舎に着くようにするべきだとしています。また宿坊の名を忘れて宿泊したいという者や単に火札を受けたいという者、あるいは風来の客もいるだろうが、よくよく吟味して、他坊に行くように言って、勝手にそうした檀那を留め置かないようにするべきだとしています。もし他坊の檀那と知らなかったというふうにして留め置いて、後日にそのことが露顕した場合には必ず処罰するとしています。

檀那を奪い合う事態は、愛宕講の講衆が必ずしもひとつの坊舎の檀那ということではなく、五坊の檀那が入り雑じっている場合や、参詣者が坊檀関係に無頓着なことを悪用して引き起こされていることがわかります。山上の坊舎で参詣者の接待を仕事とするこうした坊人は、実は山麓の村々に居住していました。まず越畑村に居住する坊人を見ていきます。

越畑村における愛宕山坊人

越畑村では、享保十七年（一七三二）春に百姓中が伊勢参宮は「年次第」であることを主張し坊人中と対立します。百姓中は村から伊勢神宮に参宮するときは、坊人・百姓を問わずその年齢によって決めることを主張したとみられ、これに反対であった坊人中は領主の愛宕山三院（教学院・大善院・威徳院）に訴え出ます。おそらく坊人中は坊人は坊人で決め、百姓は百姓で決めるという区別を主張したと思われます。ともかく訴えを受理した愛宕山三院の役者は吟味を行い、伊勢参宮の仕方にとどまらず、百姓中には「私の法度、不届きの品」が数多くあるとして村政改革を行います。

このために出されたのが、享保十七年六月付の「御條目」二十七か条です（河原〔静〕家文書、京都市歴史資料館写真版）。このなかで愛宕山は百姓中が「御地頭御長袖故軽んじ奉り、我が侭私曲の仕方言語道断ニ候」といっています。「長袖（ながそで）」というのは僧侶のことで、つまり百姓中は領主が僧侶であるために領主を軽んじ、わがままの仕方があり言語道断として断じています（第二条）。そこで愛宕山・役者中・坊人中に対して無礼なことをしないようにとあるように（第二十七条）、愛宕山は領主が僧侶であることを生かしつつ領主の権威を回復することを目指します。村政改革は大きく庄屋制を改革することと貢租を強化することに分けることができます。

庄屋制の改革は、惣庄屋一人で越畑村を支配することから、ほかの支配所と同じように領主が僧侶であることを軽んじているとして、領主支配上から惣庄屋制を問題視することにあります（第四条）。そこで惣庄屋の源太左衛門を罷免して、惣庄屋制をやめて（第二十六条）、三院領の各庄屋による持ち回りとする廻り持ち庄屋制とします（第四条）。またこれに関連して井手料（井堰普請料）を惣庄屋に一括下付することをやめて、一院の庄屋・百姓ごとに下付することに変更します（第十二条）。また講演・会合・神事なども三院まとめて行うのではなく、一院の坊人・庄屋・百姓ごとに行うことに変更します（第十四条）。いわば惣庄屋のもと三院領の村民がまとまることを避けて一院ごとに村民を分断するねらいがあったといえます。

貢租の強化は、越畑村は愛宕山三院の朱印地であるのに、諸事許されており支配の格式が立たず年貢米を上納すればよいというようにして我が侭の有様で、これを不届きとして問題視していることにあります。そこで従来から賦課されていた歩役（ぶやく）、臨時の人足、領主方が村を通行するときにあらかじめ掃除をする人夫役などを、労働力として徴発するのではなく、すべて高掛りにして銀納とし、案内があれば必ず差し出すようにして実質的に負担増にしました（第五条）。これも領主としての権威を高めるためになされていて、領主に対して無礼無作法をしないように求めています。また百姓が柴・薪の販売に心を入れて、三院領の耕作が不精となり、田畑が荒れていることを問題視して、三院領の耕作を念入りにすべきとしています（第二十条）。

こうした改革のなかで、代官中の支配も強化されて、訴訟や山林伐採や村の寺院住職決定などに際して代官中への伺や届をあらためて確認しています（第六・十一・二十一条）。また坊人も位置づけなおされます。まず座次（ざなみ）ですが、座次は身分序列を視覚的に表現するものであり、これにより坊人は地頭家の愛宕山三院より下座で、廻り持ち庄屋・禰宜・年寄共・百姓共より上座に位置づけられていることがわかります（第七条）。また坊人は目代に任命され、村中で異変があった場合には代官に注進する役割を与えられます（第八条）。もちろん目代を笠に着て百姓に対して非道なことをすることは禁止されています（第二十三条）。いわば坊人は村で監察の役割が与えられています。また「御家来帯刀帳」に名前が記されている愛宕山の家来は帯刀が許されていますが、百姓の帯刀は領主御用という特別なとき以外は平生帯刀することは禁止されています（第二十五条）。

さらに坊人と村との関係を見ますと、坊人は百姓と同様に村に居住し、百姓と同じように公儀の法度や村の法度を遵守するとともに（第一・三条）、愛宕山の御家人として愛宕山の法度書を遵守することになっています。また坊人の子息は愛宕山で剃髪して、坊人中と村役人に披露をして、坊人子息として村で承知してもらうこともしています（第九・十条）。

越畑村では坊人と百姓との対立から愛宕山の支配が強化され、坊人が百姓より上位に位置づけられ、目代として村で監察を行う役割が与えられたということになります。

馬路村・池尻村・出雲村・小口村における愛宕山坊人

次に馬路村・池尻村・出雲村・小口村における愛宕山坊人を見てみます。これら四か村は先述したように旗本杉浦氏の知行地です。享和元年（一八〇一）七月に幕府は百姓・町人にみだりに苗字・帯刀させることを禁止する触書を出します（『御触書天保集成』五二七六号）。これを受けて旗本杉浦氏の代官が愛宕山坊人の身分を取り調べます。翌年の享和二年（一八〇二）春には四か村の村役人は愛宕山坊人の名前を書いたものを代官に提出します（享和二年八月付、乍恐御願奉申上候口上書）。さらに同年八月には愛宕山坊人三十二名による請書（うけしょ）（承諾書）が提出されます（御請一札之事）。また馬路村三名の名前の記入洩れがあったとして坊人の追加がなされます（乍恐御願奉申上候口上書）。さらに馬路村・池尻村・出雲村・小口村の村役人も請書を代官に提出します（御請一札之事、以上、馬路町自治会文書、亀岡市史写真版）。

　こうした文書に見える坊人を坊舎ごとに整理すると表4のようになります。これでまずわかるのは坊と村との間に固定的な関係はないということです。次にこれらを集計すれば、馬路村十三人、出雲村十三人、池尻村六人、小口村三人で、馬路村・出雲村に多いことがわかります。

　まず愛宕山坊人三十二名は請書を提出するわけですが、これには坊人が坊人の身分について承諾したことが書いてあるわけですから、坊人の身分の基本的なことがわかります。

御請一札之事

①一、去酉年中（享和元年）、百姓町人苗字相名乗并帯刀いたし候儀ニ付、従二御公儀様一
被二仰出一候趣御座候ニ付、私共身分之儀御取調之上、左之通被二仰渡一候

表4　坊人一覧

坊	坊人
長床坊	馬路村元請・出雲村松見・倅元古・仙賀・小口村東仙
福寿院	馬路村安磧・大喜・出雲村三悦・元柳
宝蔵院	馬路村宗仙
大善院	馬路村昌桂・少進・良益・出雲村有介・倅有林・池尻村立嘉・桃設
教学院	出雲村柳弥・倅嘉仙・春水・桃仙・良策・宗順・小口村左京
威徳院	馬路村寿栄・松元・右近・織栄・良策・元林・池尻村養元・倅情元・立元・良元

②一、享保十七子年、於二愛宕山一被二申渡一候通弥堅相用、猥ニ帯刀不レ仕、御百姓中諸願ニ加り罷出申間敷候御事

附、御法度筋并御作法者不レ及二申上一、村法共決而不二相背一、且又惣百姓申談等ニ罷出数寄ケ間敷儀不レ申レ之、村並を請、違背仕間敷候御事

③一、妻子眷属之儀、惣百姓並ニ仕、異形之風俗不レ仕、名前等之儀も俗名を付可レ申候御事

④一、銘々勝手ニ付、悴又者外々江坊人相譲り候ハヽ、其度々村役人中江相届差図を請可レ申候、尤坊人を相離候ハヽ、早速帰俗変名可レ仕候御事

附、悴たりといへとも、坊人相勤不レ申内者、俗ニ而罷在、帯刀一切仕間敷候、坊人請譲り法躰仕候ハヽ、其段村役人中江相届可レ申候御事

⑤一、坊用ニ付、他国仕候ハヽ、其段村役人中江相届ケ罷出、帰村仕候ハヽ、是又相届ケ可レ申候御事

⑥右之通被二仰渡一、前々より御知行所内住居仕来り候儀、身分法躰ニ而罷在、坊用ニ付罷出候節者、帯刀御聞済被二成下一候段被二仰渡一、冥加至極難レ有仕合奉レ存候、依レ之御請一札差上申候処如レ件

まず坊人の身分ですが、「身分法躰（ほったい）」とあるように明確に僧侶身分であり、法名（ほうみょう）を名乗ることになります（第六条）。坊用つまり坊の仕事で出向くときには帯刀し（第六条）、その坊用は他国に及ぶことがあります（第五条）。坊人本人は僧侶身分ですが、坊人以外の家族は惣百姓並で異形の風俗をせず俗名を称することになっています（第三条）。これと同じように坊人の悴であっても坊人を勤めないうちは俗人であるから帯刀はできません（第四条）。坊人の相続については、親子で同じ坊舎の坊人を勤めて悴に坊人を相

続させることはもちろん可能ですが、他の人に相続させることもできます（第四条）。もし坊人を第三者に譲渡した場合は坊人を離れて俗人に戻って俗名を名乗ることになります（第四条）。これから坊人は株化していると考えられます。

坊人は村に居住していますので、愛宕山の支配を受けつつ、領主の法度や村法・村の作法も遵守することになっています（第二条）。これと関連して坊人は百姓中の諸願や談合に参加は許されないものの、それ以外は「村並（むらなみ）」を請けることになっています（第二条）。また坊人を譲渡するときや坊用で村を出て帰ってきたときには村役人に届けを出す必要がありました（第五条）。つまり坊人は僧侶身分であるが、村の規制を受けるので、半僧半俗の身分状態といえます。

以上が坊人が承諾した内容ですが、坊人が村の規制を受けるので、村役人の方でも坊人の扱いを正しくする必要があります。村役人が提出した請書は、基本的に坊人が守らなければならないことを村役人の方から徹底させる内容になっています。

御請一札之事

①一、当村々ニ罷在候愛宕山坊人共之儀、此度御尋ニ付、村々より申上候趣を以、江戸表江御伺之上、坊人共江被二仰渡一候御趣、於二私共一も弥相守り、万一猥りケ間敷儀も御座候ハヽ、早速御届申上、御差図請候様可レ仕候御事

②一、何事によらす、村並を請させ、諸願并惣百姓申談等ニ不二差加一候様可レ仕候御事

③一、坊人共勝手ニ付、進退相願候ハヽ、委細相糺、始末早速御届申上、御差図を請可レ申候御事

④一、外百姓共之儀、勝手ニ付、坊人相勤度段、相願候ハヽ、百姓株相続相立させ、其身柄相勤候儀者格別、親類之坊人株相願せ申間敷候

⑤一、坊人共坊用ニ而、他国仕候ハヽ、出立・帰村共相届候節、私共承り置、其度々御届ニ不㆑及旨被㆓仰渡㆒候御事

右之通被㆓仰渡㆒奉㆑畏候、依㆑之御請連印差上申候処仍而如㆑件

まず先ほどもありましたように、村役人は坊人に「村並」を請けさせますが、百姓の諸願や談合には坊人を参加させません（第二条）。坊人の進退を願う願書は村役人に提出されることになっており、村役人が願書を糺して代官に上申してその指図を受けることになっています（第三条）。百姓から坊人になりたいという人には百姓株を別の者に相続させた上で坊人を許可することになっていますので（第四条）、百姓株の維持が目指されています。これも先ほどと同じように坊人が坊用で出立・帰村する場合には村役人への届けが必要ですが、これについては代官への上申は不要ということになります（第五条）。

つまり坊人はもともと百姓身分の者が坊人となるものであり、坊人になると名前・衣服などを変えて僧侶身分の姿となり帯刀します（ただし苗字は公的には名乗れません）。しかし坊人となっても普段は村に居住していますので、必要に応じて愛宕山に登ることになると思われます。なお馬路村以下四か村は旗本杉浦氏領なので、越畑村のような目代の役割は与えられていません。

◉南北保津村における愛宕法師

つぎに愛宕法師を見てみます。愛宕法師は南北の保津村で確認できるわけですが、まずどういう住居に住んでいたかということがわかります。百姓の住居は江戸時代のはじめは土間に藁むしろを敷いて生活していました。元禄期ごろになりますと、上層農民から板縁に畳の生活に移行します。愛宕法師の住居も、元禄十四年（一七〇一）二月三日付の「両保津村下人小百姓共ニ掟之事」という村掟のなかで、「一、板ゑん・畳之儀堅停止、しかれ共愛宕法師之儀はゆるし可レ申候、但し破風・門構之儀ハ致させ申間敷候」とあり、上層農民と同じように土間に藁むしろではなく板縁に畳の生活が認められています（五苗財団文書、亀岡市史写真版）。このことは愛宕法師の生活が村のなかでも上層農民と同じであることを表していると思います。

愛宕法師は端的に何者かといいますと、坊人の別称と考えられます。享和三年（一八〇三）に成立した『丹波志桑田記（そうでんき）』という地誌がありますが、この本の馬路村の項目にだけ「当村愛宕法師多シ」と書いてあります（廣瀬正春家文書、亀岡市史写真版）。先ほどみましたように馬路村にはほぼ同じ時期に（旗本杉浦氏の代官に請書が提出されたのが、前年の享和二年です）、坊人がいるわけですから、愛宕山坊人と愛宕法師は同じものを指していると考えられます。『丹波志桑田記』の著者は関正周ですが、もと亀山藩士ですし、南北保津村も亀山藩領ですので、亀山藩では坊人といわず、おそらく愛宕法師といっていたと思われます。

南北の保津村で主として愛宕法師という名がみえるのは宗旨人別改帳です（五苗財団文書、亀岡市史写真版）。今で言う戸籍・住民票に宗旨を書いたものにあたりますが、宗旨人別改帳から良哲家と東春家を復元したのが図1、図2です。良哲家は地元にある臨済宗妙心寺派の養源寺の檀家で、良哲→正哲→良哲というように長男によって愛宕法師が相続されています。東春家も地元にある曹洞宗の福性寺の檀家で、東春→東雲というふうに長男によって愛宕法師が相続されています。良哲家では下男・譜代・抱という血縁家族以外の隷属民を抱えています。

　愛宕法師も百姓と同じように土地を保有しており、東春家はさほど顕著ではありませんが、良哲家は愛宕法師を相続しているなかで五斗余から六石余りへと約十二倍に土地保有が増加しています（表5、表6）。これはおそらく百姓をしていることと愛宕法師をしているという二重の収入源から土地を買得（購入）することによって土地を集積したものと思われます。つまり百姓に加えて愛宕法師をしていることで相当の余裕があったと思います。ほかに玄悦（曹洞宗福性寺檀家、十三石七斗八升七合）、道佐（曹洞宗福性寺檀家、一石六斗一升三合から二石七斗九合二勺へ）、昌元（臨済宗天龍寺派文覚寺檀家、無高）、桂宗悦（臨済宗天龍寺派文覚寺檀家、十二石二斗五合五勺）という愛宕法師がいますが、これらは一代限りの愛宕法師です。十石前後から無高のものまでと土地保有にばらつきがあります。

　愛宕法師は坊人の別称と考えられるわけですが、おそらく多くは二、三代あるいは一代、愛宕法師を勤めて再び百姓に戻る例が多かったのではないかと思われます。玄悦は養子となって愛宕法師になったもので、のちに離縁されていますので、愛宕法師から俗人に戻ったと思います。ところが、これとは異なるのが江島里村の廣瀬家です。廣瀬家は江戸時代を通じて代々愛宕山へ出勤しております。また興味深いことに、廣瀬家系図によれば、とくに廣瀬祐郷（友僊）は教学院役者として愛宕山から十六石二斗の米と金三十両を拝領しています（廣瀬春雄家文書、亀岡市史写真版）。

愛宕法師は保津村の宗旨人別改帳に百姓と同じように記載されていますので、人別上は百姓身分の扱いです。僧侶身分の場合は僧分人別帳という僧侶だけの人別帳を別に作成して記載されるか、あるいは村

図1　良哲家の家系図

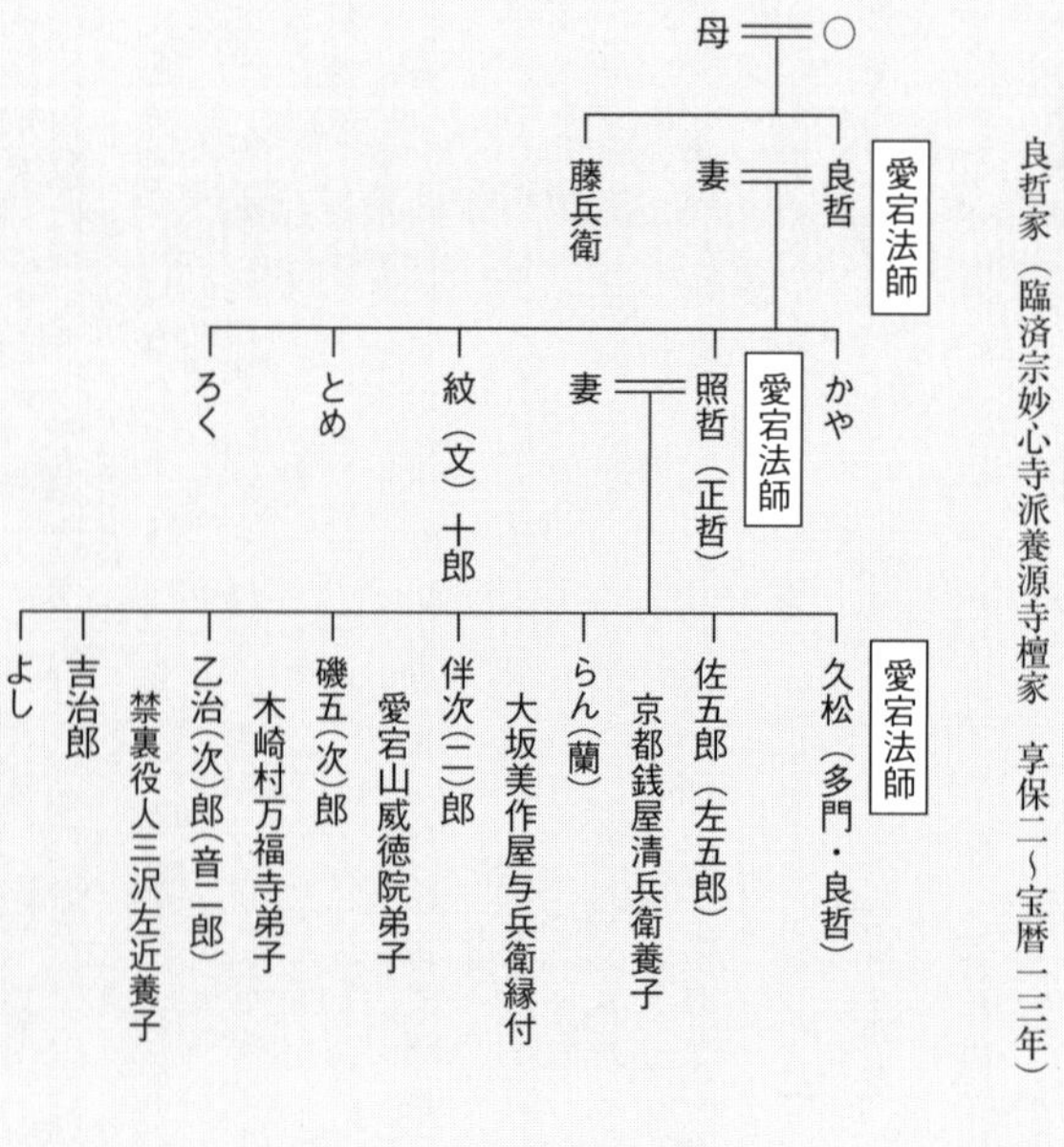

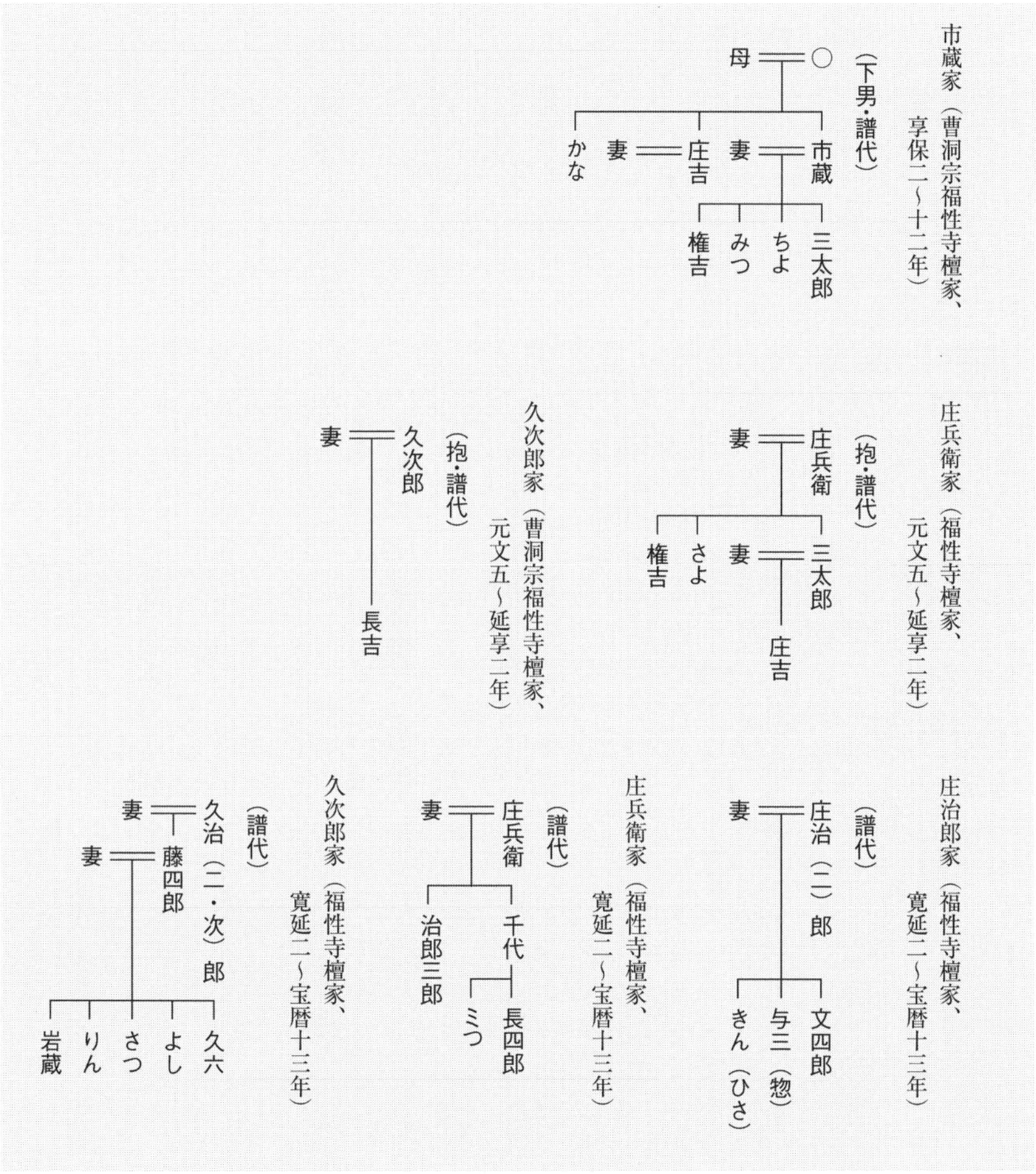
市蔵家（曹洞宗福性寺檀家、享保二～十二年）
（下男・譜代）
○＝母
市蔵＝妻
庄吉＝妻
かな
三太郎
ちよ
みつ
権吉
庄兵衛家（福性寺檀家、元文五～延享二年）
（抱・譜代）
庄兵衛＝妻
三太郎＝妻
さよ
権吉
庄吉
久次郎家（曹洞宗福性寺檀家、元文五～延享二年）
（抱・譜代）
久次郎＝妻
長吉
庄治郎家（福性寺檀家、寛延二～宝暦十三年）
（譜代）
庄治（二）郎＝妻
文四郎
与三（惣）
きん（ひさ）
庄兵衛家（福性寺檀家、寛延二～宝暦十三年）
（譜代）
庄兵衛＝妻
千代
長四郎
ミつ
治郎三郎
久次郎家（福性寺檀家、寛延二～宝暦十三年）
（譜代）
久治（二・次）郎＝妻
藤四郎＝妻
久六
よし
さつ
りん
岩蔵

の宗旨人別改帳に記載しても、百姓の記載の後に別に記載して書き分けるわけですが、愛宕法師は百姓と混在する形で記載されています。また先にみましたように土地を保有して、妻帯して家族を形成し、地元の寺院の檀家でもあります。もちろん愛宕法師は坊人のことですので、愛宕山に帰属していることから僧侶身分でもあります。坊人が僧侶身分でありながら、「村並」を受けるのは、愛宕法師の例から考えますと、人別上は百姓身分であることから「村並」を受けると思われます。やはり愛宕山坊人あるいは愛宕法師は身分的には半僧半俗の状態であったと思います。

図2　東春家の家系図
東春家（曹洞宗福性寺檀家、享保二〜宝暦十三年）

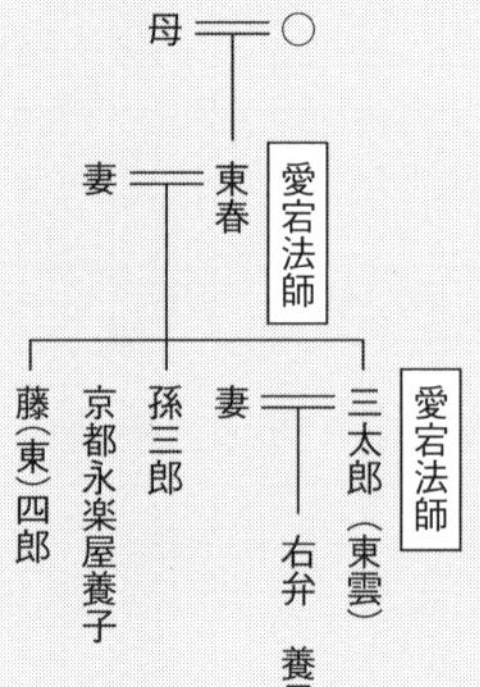

表5　良哲家の石高変遷

年次	西暦	石高	当主
享保 2年	(1717)	5斗3升2合	良哲
享保12年	(1727)	3石7斗2升1合	正哲
享保14年	(1729)	3石7斗2升1合	正哲
元文 5年	(1740)	4石8斗8升1合	正哲
延享 2年	(1742)	4石8斗8升1合	正哲
寛延 2年	(1749)	6石4斗四升1合	正哲
宝暦 4年	(1754)	6石4斗四升1合	正哲
宝暦 7年	(1757)	6石4斗四升1合	正哲
宝暦10年	(1760)	6石4斗四升1合	正哲
宝暦13年	(1763)	6石4斗四升1合	良哲

表6　東春家の石高変遷

年次	西暦	石高	当主
享保 2年	(1717)	5石1斗9升6合	東春
享保 8年	(1723)	8石3斗9合	東春
享保 9年	(1724)	8石3斗9合	東春
享保12年	(1727)	8石3斗9合	東春
享保14年	(1729)	8石3斗9合	東春
寛延 4年	(1751)	7石1斗9合	東雲
宝暦 4年	(1754)	7石1斗9合	東雲
宝暦 7年	(1757)	8石3斗9合	東雲
宝暦10年	(1760)	7石1斗9合	東雲
宝暦13年	(1763)	(記載なし)	東雲

◉原村における愛宕山家来

つぎに愛宕山家来を見ますが、愛宕山家来は原村で確認できます。享保十三年（一七二八）十月七日付の「覚」には次のようにあります（楢原共有文書、京都市歴史資料館写真版）。

①一、百姓之内、御寺中御家頼之分者年寄家筋ニ候共、村方出入事等之儀ハ名前書、尤出申事可レ為二無用一事、惣百姓罷成候節も其人出申事可レ為二無用一事、併村方ニ而寄合相談等之座跡之儀者年寄可レ任二家筋一者也

②一、古来より村之為二定法一何事不レ寄年寄一老之一言ヲ請、事ヲ定候由、為二古法一共、其人之才徳ニより差支ニ相成候儀可レ有候間、以来時之庄屋役惣年寄一統相談之上ニ而可二相定一者也

原村でも愛宕山の「家頼」（＝家来）分の百姓とふつうの百姓がいることがわかります。家来分の百姓は村方出入などのときには名前を書くことは認められていますが、惣百姓が参集するときには本人が出る必要はないとされます。これは坊人でみたこととよく似た内容です。原村は福寿院領ですが、ここでも村政改革が行われ、従来年寄衆、とりわけ年寄一老による物事が決定されていたのを「古法」と認めつつ、物事の決定を庄屋役と惣年寄との相談にしていきます。これも年寄だけで決めるのではなく庄屋を入れることで、福寿院が原村に支配を貫徹させようとする動きであると思われます。

そもそも愛宕山家来はどのような職掌でしょうか。享保十七年（一七三二）六月日付の「掟」が参考になります（樒原共有文書、京都市歴史資料館写真版）。

掟

①一、第一火之用心之事

②一、一切諸勝負堅停止之事

③一、坊中・境内掃除之事

④一、平日仏事勤行厳重相勤、旦家新物故有レ之節左右ニ応し早速出勤、施主方煩無レ之様可二相勤一事

⑤一、平世不如法之義相慎、俗家夜着者勿論出入及斎非時参候共、無益之長座早速帰寺可レ有レ之事

⑥一、旦家たり共、老若女人寺内出入無用

併参詣之人格別之事

但十才未満之女人制外之事

⑦一、本寺用事之節、召ニしたかひ早速登山可レ有レ之事

右之條々堅相守者也

享保十七年六月日　本寺役者

この「掟」は本寺役者（福寿院役者）が発給していて、宛名を欠いていますが、原村に伝来したこととその内容から愛宕山家来を対象としていると思います。これをみますと、愛宕山家来は普段原村に居住し

て、本寺の用事に応じて村方から登山して（第七条）、山内での火の用心に勤め（第一条）、坊中・境内を掃除して（第三条）、仏事を勤行し（第四条）、旦家・施主・俗家の世話をすることになっています（第四・五条）。実際、享保六年（一七二一）には長床坊家来村上但達、大善院家来草原宗碩が、年月日未詳ですが威徳院家来人見善嘉も原村に居住しています。福寿院領の原村には他坊の長床坊・大善院・威徳院の愛宕山家来が居住し、それぞれの役者によって苗字を名乗り帯刀することが許されています（樒原共有文書、京都市歴史資料館写真版）。

　また申四月付の京都の雑色（京都町奉行配下の町役人）五十嵐源吾による帯刀人達書にも原村に居住して苗字帯刀を許されている愛宕山家来川北善蔵・寺井順碩・村上宗笠が見えます。

城州葛野郡原村

一、愛宕山威徳院家来		人見善介跡	川北善蔵
一、同大善院家来		草原宗碩跡	寺井順碩
一、同長床坊家来			村上宗笠
一、地頭用之節帯刀	同村	津田義右衛門跡	津田清蔵
一、愛宕山福寿院用事		村上源次郎跡	村上源右衛門
并神事之節帯刀	同村	岡本弥七郎跡	岡本義兵衛
		同藤右衛門跡	同　権兵衛
一、地頭用并神事之節帯刀		上田中惣兵衛跡	上田中久右衛門

猪倉武右衛門跡　猪倉三右衛門
寺崎平左衛門跡　寺崎嘉市
石原九兵衛跡　石原平次郎

右帯刀不レ苦候条所江可二申付一候事

申四月

右之通被二仰渡一候間左様相心得可レ申候、以上

申四月　　五十嵐源吾（印）

原村庄屋年寄中

愛宕山家来も株化していて、愛宕山家来になるためにはだれかの名跡を継承する必要があったということです。実際、先にみた草原宗碩は寺井順碩に家来株を譲渡しています。またいずれも苗字を名乗っています（樒原共有文書、京都市歴史資料館写真版）。

愛宕山家来の職掌を伝える享保十七年六月日付の「掟」は、越畑村における「御條目」（享保十七年六月日付）とまったく同時期に出されています。これは愛宕山が越畑村における争論を契機として、越畑村に対して「御條目」を発給するとともに、越畑村居住の坊人にとどまらず、広く愛宕山家来に対して「掟」を発給したと思われます。つまりこの時期、つまり享保期（一七一六〜三六年）に愛宕山は村方支配を全般的に強化していると思われます。

愛宕山坊人は愛宕法師とも言われますが、愛宕山家来との関係はどうでしょうか。おそらく坊人はその

名称から愛宕山にある長床坊以下六つの坊舎（長床坊・福寿院・宝蔵院・大善院・教学院・威徳院）にそれぞれ帰属する人びとを意味し、先述した元禄九年の「定」でみられるように役者に支配されていると思います（前掲「寺院記」）。一方、愛宕山家来は愛宕山一山の家来全体を指すと考えられますが、本寺役者から「掟」を与えられているので、実際には役者に支配された僧侶身分を、坊舎を超えて総称した言い方と思います。ただ坊人と家来に違いがあるとすれば、旗本杉浦氏の知行地では坊人は帯刀は許されているが、苗字は名乗っていませんし（旗本杉浦氏に提出された請書）、愛宕法師も宗旨人別改帳に苗字は記載されていません。一方愛宕山家来は公儀によって苗字も帯刀も許されています。いわば愛宕山家来のうち苗字を名乗れないのが坊人ということになりそうです。

原村は福寿院領なので、原村には福寿院の村方支配のありようがわかる文書が伝来するわけですが、福寿院は領主として村方に対して「福寿院」「御地頭所役所」と称しています。そして村方支配をしているものは役者・役人・役人当番・当番役人・当職・当役と称しており、役人当番・当番役人・当職・当役などからすると、村方支配はおそらく当番制になっていたと思います。こうしたものの下に代官がいて村方があることになります。

一方福寿院が発給した印札（いんさつ）（印鑑証）が残されています（野々村みつる家文書、亀岡市文化資料館写真版）。

印鑑（印）　愛宕山福寿院

右印鑑所持役人共配札ニ罷越候条相違無レ之候、以上

嘉永六丑年二月

この印札（印鑑証）を持った役人は福寿院から配札に向かうことが記されており、配札方役人というべきものがあったことがわかります。村方支配にあたっていない役人はこの配札に関わっていたと思われます。幕末の小川了雲斎はこうした福寿院の配札方役人だと思います。「檀所引渡目録」は小川了雲斎が配札を辞めて配札方を交代するにときに引継書類として作成され、福寿院役者の中川石見に提出されたもので、配札方のありようがわかります（野々村みつる家文書、亀岡市文化資料館写真版）。

小川了雲斎は備中国浅口郡・同小田郡・讃岐国五ケ嶋（岡山県と香川県の一部）の七十か村前後を檀所としていたと思われます。配札方を交代する前年には小川喜兵衛が下向しているようなので、小川家が檀所としていた地域かもしれません。小川了雲斎は檀廻（だんまわり）帳・初穂（はつほ）名前帳・書状案文（あんもん）帳・両国下向諸事手引帳・初穂取集帳などの文書を作成して檀越を把握しています。小川了雲斎は実際備中国・讃岐国に下向しています。下向はおそらく夏ごろで、大坂北浜・備中西六村・讃岐小豆島に定宿があり、身の回りの品や配札に必要な道具を預けていました。配札に使う御札は備中用の夏札版木があり、現地の備中で刷って配札していたと思われます。下向の際には京都・大坂で必要なものを仕入れて土産・依頼品などを持参しています。土産と思われるものは、薬の万金丹・箸・扇子・奉書紙などのようです。また依頼品は地元から軸物の表装や修復を依頼されており、京都で修復して下向しています。もちろんその際、損をしないように取り扱い、中間手数料も取っております。

別の坊舎の例としては幕末に宝蔵院の人見主殿がいます。人見主殿の檀所は主として丹波・丹後・若狭国などであり、年二回春と冬に春廻・冬廻として廻国しています。人見主殿も廻国に際して、地元から軸物の表装を依頼されています。人見主殿も檀越を把握するために「施主御膳性名控帳」を作成していますが、これによれば御膳料は一軒につき銀一匁二分、村惣中という形で、村によって違いますが、一村につき銀二匁四分〜二十四匁余を得ていて、多いときで、一回の廻国で銀三百四十七匁九分を集めています（野々村みつる家文書、亀岡市文化資料館写真版）。

今度は角度を変えて坊人の動きを通して確認しますと、馬路村の百姓で福寿院坊人の安碩は、寛政十年（一七九八）には福寿院領原村の代官に転じ、さらに文化十年（一八一三）には福寿院役人となります。また同じく馬路村の百姓で福寿院坊人の元柳も寛政十年（一七九八）に福寿院領原村の代官に転じますが、役人にはなっていないようです（樒原共有文書、京都市歴史資料館写真版）。これらから愛宕山の山麓の村々では百姓のうち、何人かが坊人となって、普段は村に居住しながら必要に応じて愛宕山に登って仕事をしますが、さらに坊人のうち村方支配の任にたえるものが代官に登用され、さらに役人に登用されるということだと思います。その役人には村方支配に関わるものと配札に関わるものがあるということだと思います。

◉むすびにかえて

最後に愛宕山坊人・愛宕法師・愛宕山家来が近代をどう迎えたかということですが、明治期の神仏分離・廃仏毀釈によって愛宕山坊人・愛宕山家来・愛宕法師もその存在を否定されることになります。もともと半僧半俗であった彼らは地元の村々で俗人として農業に戻ったと思います。あるいは寺院に帰属する僧侶ではなく、神道一色となった愛宕神社の神職者になったと思います。実際、先にみた宝蔵院の人見主殿は明治になってからは人見文之進と改名して社務家来となっています。

奉二差上一口上書

一、愛宕社旧社務日下部幸植家来

丹波国桑田郡第拾弐区馬路村居住

人見文之進

右者此度去ル慶応四辰年巳年午年三ケ年之間、配札収納勘定書左奉二申上一候

一、金弐拾三円七拾五銭　辰年収納

内

金弐円六銭弐厘五毛　札紙料

同五円七拾五銭　辰年丹波国下り并

伊賀国下り路賃

雇入人足賃共

二口〆金七円八拾壱銭弐厘五毛

差引残テ

金拾五円九拾三銭七厘五毛

一、金弐拾四円弐拾五銭　巳年収納

内

金弐円弐拾五銭　札紙料
同五円九拾弐銭　巳年丹波国下り并伊賀
国下り、雇入人足賃共
二口〆金八円拾七銭
差引残テ
金拾六円八銭
一、金弐拾七円五拾銭　午年収納
内
金弐円四拾三銭七厘五毛　札紙料
同六円六拾弐銭五厘　午年丹波国下り并
伊賀国下り路賃
雇入人足賃共
二口〆金九円六銭弐厘五毛
差引残而
金拾八円四拾三銭七厘五毛
右三ケ年収納
総計
金五拾円四拾五銭五厘

右之通詳細取調相違無二御座一候、以上　人見文之進印
明治八年亥十月七日

人見文之進は慶応四〜明治三年（一八六八〜七〇）の間に丹波・伊賀で配札を行い、配札で得た収納金は五十円四十五銭五厘で相当に大きな収益がありました（野々村みつる家文書、亀岡市文化資料館写真版）。また江島里村の廣瀬恵造家では廣瀬兵庫（祐序）は幕末愛宕山に出勤して、一端隠居した後に明治元年〜六年（一八六八〜七三）まで社人となっていますし、廣瀬兵庫（祐序）の子である廣瀬嶋之助（郷寿）も幕末愛宕山に出勤していますが、明治五年（一八七二）に帰農しています（廣瀬春雄家文書、亀岡市史写真版）。

以上、愛宕山坊人・愛宕法師・愛宕山家来をみてきましたが、いずれもほぼ同様な身分であると考えられるでしょう。愛宕山に関する史料は明治期の神仏分離・廃仏毀釈によって散逸して少ないのが現状です。史料上の制約が愛宕山や愛宕信仰の研究を難しくしている面があることは否めません。しかし愛宕山の山麓の村々に残された村方史料に散見されるが、これまであまり注目されることのなかった愛宕山坊人・愛宕法師・愛宕山家来に焦点をあてて、村方史料を丹念に読み解くことによって、江戸時代の愛宕山の寺院構造、愛宕山と山麓の村々との関係、愛宕信仰との関係の一端が明らかになったのではないかと思います。もちろん村によって史料の残り具合に違いがあり、判然としないところもありますが、今後の課題としたいと思います。

第四章　愛宕信仰と験競べ

大森恵子

◉古代・中世の愛宕山と山岳霊場

愛宕山曼荼羅の宗教観

古代・中世の愛宕山の信仰について、五来重氏の『修験道入門』や、アンヌ・マリ・ブッシシー氏の「愛宕山の山岳信仰」（五来重編『近畿霊山と修験道』所収）を参照しながら、少し考えてみます。古代の愛宕山麓には葬地（墓地）があり、愛宕山の山頂は死者の霊が集まると信じられ、山岳霊場の様相を示していたと考えられています。愛宕山の山中か山頂で聖火を焚いて、死者の霊を供養したと推定され、その聖火を焚いた人びとが、「聖」とよばれた愛宕山の修験者たちであったと伝えられています。

中世の愛宕山は「愛宕の太郎坊」と称する天狗などが住み処にしていたと、『今昔物語』などの説話文学のなかで語られていることは周知のとおりで、山岳信仰のさかんな霊山と考えられます。

写真１　愛宕神社境内の大杉の御神木

ここで、「愛宕山曼荼羅（まんだら）」について考察していきます。明治初頭の神仏分離以降、愛宕山曼荼羅の版木（はんぎ）は京都市西京区の金蔵寺に所蔵されていますが、愛宕山曼荼羅の絵図に愛宕信仰の本随が表出されていると思われます。これは仏教や修験道の立場から愛宕信仰を説いたもので、愛宕山曼荼羅の上部には太陽と月があり、陰陽を表しています。一方で、修験者は陰陽道の占いのような祈祷もしていたので、陰陽道の影響も窺えます。その下方を見ると御神木の杉が描かれていますが、現在では神木杉の幹が空洞化しています。しかし、今日でも大勢の参詣者がお詣りをしています。この杉が愛宕山の山神の神籬（ひもろぎ）で、その前方左側に立像の地蔵尊が、杉の前方右側に僧形をした天狗像が摺られています。いずれも愛宕山の山の神を表現したものです。その下に白馬に騎乗する勝軍地蔵尊が見え、この地蔵尊の信仰は中世からさかんになったとされます。さらにその下方部に前鬼（ぜんき）と後鬼（ごき）を従えた役行者（えんのぎょうじゃ）像があります。この愛宕山曼荼羅の絵図から、愛宕山は愛宕修験の根拠地であった状況が窺えます。

能楽にみられる愛宕信仰

とくに今回は、世阿弥（ぜあみ）元清作と伝えられる能楽「車僧（くるまぞう）」と、竹田法印（ほうげん）宗盛作と伝えられる能楽「善界（ぜかい）」を取り上げて、室町中期ごろの愛宕山と愛宕修験、および験競べについて考察していきます。

◎能楽「車僧」にみられる愛宕信仰

能楽「車僧」のなかの験競べ

能楽「車僧」に登場する役は、前シテが山伏（客僧）で、後シテは天狗、ワキは車僧となっています。観世流の謡曲本を見ると、客僧である山伏と車僧の間で問答が行われ、

シテ〽我が名のみ高雄の山に言ひ立つる　ワキ〽人は愛宕の嶺に住むか　シテ〽さてお僧の住家ハ　ワキ〽一所不住　（略）　地〽道はなけれども。わが住む方ハ愛宕山。太郎坊が庵室に。御入りあれや車僧と。よばはりて夕山の黒雲にのりて。上りけり黒雲に乗りて上りけり。

と、愛宕山の太郎坊と名乗る山伏が、行者である車僧を自分の庵室に誘っている状況が謡われています。

この曲の概説は観世流の謡曲本のなかで、次のように書かれています。

山城愛宕山の天狗太郎坊、客僧に化して雪降り積れる西山の麓に現れ、車僧といへる行者に向ひ、其乗れる車につきて問答を試み、之を魔道に誘はんとして己が栖に来り給へと言ひて飛び去されしが、さらに天狗の形にて出て来り、車僧の車に就きて又も行較べせしが、遂に敗れ、貴く恐しき高僧なりと嘆称合掌して其姿を消しけり。

この概説から、愛宕山の天狗太郎坊と、車僧と名乗る行者が、互いに「行較べ（験競べ）」をした有様を演出したものが、能楽「車僧」です。世阿弥が活躍した室町前期のころ、愛宕山では山伏同士で問答をしたり、高く跳び上がるとか、空中に飛び上がってかなり離れた地に着地するなど、験力を競い合う験競べがさかんであった状況が推察できます。

ちなみに、能楽「車僧」のなかで後シテが、「愛宕山樒が原に雪積り。花摘む人の跡だにもなし」と謡うことから、世阿弥元清の時代には、愛宕山中に樒が自生する「樒が原」が存在していたことがわかります。愛宕詣りをする人びとは、樒が原で愛宕大権現に供える花として樒を手折っていたのでしょう。現在でも、千日詣りのおりに参詣者は水尾地区の人びとが販売する樒の束を購入して帰り、自宅の竈の上や三宝荒神の神棚に供えて、火防（伏）せを祈願する習俗が残っています。このように愛宕山では、樒が愛宕大権現に供える花であり、愛宕大権現の依り代となったのです。

花供入峯と生花

修験者は修行の一形態として、夏の峰入りのおりに野や山中に咲く花々を摘んで神仏に供花したことは、奈良県の吉野山に伝わる花供入峰にみられます。修験者は山中で修行をしながら、絶えず草木に関心を持ち、これらの花々をまっすぐに立てて供花にしたり、薬効を期待して服用し、病気を治したりしました。つまり、修験者は華道家でもあり、薬剤師でもあったといえましょう。仏華はまっすぐ立てるのが基本で、この花形に美的感覚が加わって華道が発達したとされ、最初は「立て花」と称されましたし、現実に古くから存在する華道の家元の多くは、天台宗・真言宗に属する密教系寺院の住職がほとんどといっても過言ではありません。たとえば、近世後期に刊行された『都名所図会』の頂法寺の挿絵を見ると、境内に役行者堂もあり、近年まで本山派修験の聖護院に属し、重責を担う修験寺院のひとつであったことが理解できます。いうまでもありませんが、頂法寺の住職は華道池坊流の家元として全国的に名を馳せる人であり、華道の成立過程において、修験道や陰陽道が重要な役割を演じたことは確かといえましょう。

◎能楽「善界」にみられる愛宕信仰

能楽「善界」のなかの験競べ

話を能楽「善界」に返します。この曲の概略は、『今昔物語』巻廿の「震旦天狗智羅永寿渡此朝語」を題材にしたものとされます。同書には、「然れば此の国に渡て、修験の僧共有りと聞くに、其等に会て、一度力競せむと思ふは如何可有りと」と、修験者の験競べのことが記されています。

しかし、この話のあらすじがそのまま能楽「善界」のなかに取り入れられたとは、断言できない内容であるため、後記するように作者の竹田法印宗盛の宗教的実践、すなわち修験者の宗教活動の実態が芸能化されたものとも考えられます。

能楽「善界」の構成人員は、前シテが善界坊、後シテが天狗（善界坊）、ツレが太郎坊、ワキが比叡山飯室ノ僧正、ワキツレが従僧となっています。山伏や天狗などに扮した能役者が大勢舞台上に出てきて、山伏問答をします。善界は中国大陸から日本に渡ってきた天狗で、日本の天狗と問答してどれぐらい言い負かすことができるか、試したいと決心して渡来したといいます。さらに善界はどれだけの験力が自分の身についているのか実証する目的で、日本の山伏（天狗）と験競べをしようと思ったので日本に来たと述べます。そして、いろいろな問答や動作をするのですが、結局、善界の方が「まいった、まいった」ということになります。これが能楽「善界」の概略です。

「善界」の詞章の一部を抜き書きすると、「愛宕山に立ち越え　太郎坊に案内を申さばやと存じ候　これハはや愛宕山にてありげに候　山の姿木の木立　これこそ我等が住むべき所にて候へ　いかに案内申し候」とあり、愛宕山は天狗（山の神）が住む場所と信じられていたことがわかります。地謡の詞章に、「行者の床を窺ひて　降魔の利剣（りけん）を待つこそはかなかりけれ」とあり、愛宕山で修行する行者（山伏）が山中で野宿する様が謡われています。さらに続きを見ると、「ツレ〽かくて時刻移りなん　いざ諸共に立ち出でて　比叡の山辺のしるべせん　シテ〽法の為　今ぞ愛宕の山の名に　頼みを懸けて思ひ立つ雲の」とあります。この詞章より、愛宕の山といえば修験道で有名ということが、全国に知れわたっていた状況が窺えます。さらに、「法のため」とあるので、教理実践に基く愛宕修験道が愛宕山に成立していた有様も推測できます。

修験と薬

能楽「善界」の作者である竹田法印宗盛は、一四二一年から一五〇八年まで生存した人物で、室町時代中期の医者と伝えられます。彼は昭慶から宗盛と改名し、長禄二年（一四五八）に「法眼」に叙せられ、応仁二年（一四六八）には足利義政の病を治療して、「法印」を授けられました。竹田法印宗盛は生花を得意としたと伝えられる（『演劇百科大辞典』参照）とともに、『実隆公記』には、宗盛が自宅で能を催したことが記されています。彼はかなりの文化人で、芸達者（げいたっしゃ）な人であったようです。

ちなみに『芸能辞典』には、竹田法印宗盛は医者だと書かれています。山伏は民間医療もやっていましたし、ゲンノショウコやヨモギは薬になるとか、トリカブトは根を飲むと毒薬になるので死亡するとか、いろいろな薬草の知識や情報を会得していました。

なお、立山（たてやま）修験の廻檀組織から発展したとされる越中（えっちゅう）富山の売薬は、近世期に全国的に販売圏を拡大し、売薬行商人は修験の影響を受けて生産されるようになった薬を持って、津々浦々まで売り歩きました。これが売薬行商の始まりです。いうまでもありませんが、越中富山には立山修験や白山（はくさん）修験に属する修験者がいましたから、彼らが自分の「かすみ（霞）」にお札や民間薬を持ち歩いたのが始まりとされます。霞とは、修験者の「なわばり（縄張り）」のことを表します。

写真２　陀羅尼助の材料となる薬草（吉野山）

ここで注意を要する点は、医者は必ず薬草を扱うということです。前記したように山中で修行する修験・山伏は植物の薬効にくわしく、吉野山・金峯山（きんぷせん）・高野山（こうやさん）などでは山伏によって製造・販売された陀羅尼助（だらにすけ）などの薬も存在します。立山の反魂丹（はんこんたん）や、大山の練熊などの薬の製造・販売にも、修験が関与しています（大森惠子「修験と薬」参照）。

これらのことを考慮に入れれば、竹田法印宗盛は医者である一面、薬草にくわしい修験者であったかもしれないし、彼に薬草を販売する人物が修験者であった可能性も出てくる。しかし、竹田宗盛は「法眼」と「法印」という二つの称号が許されており、いずれも修験的称号であることから、彼自身が修験的宗教活動を実践していたと考えた方が妥当と思われます。

◎能楽「愛宕空也」にみられる愛宕信仰

筆者は「伝承のなかの空也像――霊験教化譚・踊念仏・大福茶・空也僧」の論中で、「空也上人立像の形態や鹿角杖の由来伝承からも推測できるように、空也は念仏聖である一面、山野を駆けめぐって修行する修験者でもあり、各地を訪れて宗教活動をする遊行聖でもあったと思われる」と指摘しました。

能楽「愛宕空也」の成立期

現在は廃曲となった能楽「愛宕空也」を取り上げます。空也上人の霊験譚を題材にした能の曲は、世阿弥の長男である元雅か、次男の元能の作と伝えられる「空也」です。この曲は一五世紀前期ごろに作られたもので、「赤間空也」「虚盲人」「筑紫空也」とも別称されます。永享二年（一四三〇）に元能が、父である世阿弥が語る晩年の芸談を筆録し、さらに整理して一冊の書物にまとめました。これが『申楽談義』であります。このなかに元能は「空也上人の能」と書き留めているので、晩年の世阿弥のころには、すでに空也上人をシテとした能が演じられていたことになります。

また、『申楽談義』の刊行後に生誕し、一六世紀前期に逝去した観世信光は、前記した能「空也」をもとに構成した可能性が強い、能楽「愛宕空也」を作りました。この能は「愛宕」「愛宕龍神」「空也」ともよばれたものです。信光は室町時代後期の能役者・能作者であったので、このころの愛宕山は地蔵権現の信仰を表面に出し、念仏行者や空也聖たちが頻繁に往来し、死者の極楽往生を祈願する山岳霊場の様相を表していた状況が窺えます。

なお、『日本名著全集　謡曲三百五十番集』によれば、能「愛宕空也」の作者は観世小次郎（信光の通称）と記載され、「愛宕空也」は観世・宝生・金春・金剛・喜多の五流で演じられてきましたが、昭和三年（一九二八）ごろには喜多流で演じられるだけになっていると記されています。

能「愛宕空也」のあらすじと念仏往生

この能は、前シテが龍の化身の老人であり、後シテは龍神の姿で登場し、ワキは空也上人を演じます。空也上人が初めて愛宕山に登り地蔵堂にて、勅賜の法華経を読誦していると、一人の老人が来て謹んで経を聞いた後で、尊いお経を聞けたことを喜び、仏舎利を賜りたいといいます。空也上人は仏舎利を持っていないので、差し上げるわけにはいかないと答えたところ、老人はその経巻の軸のなかにありますと返答します。上人が軸を開いてみると、そのなかに仏舎利が納められているのを発見したので、空也は仏舎利を老人に与えます。老人は、「私はこの山の龍神である。この報恩は何なりとも、望みを叶えましょう」といいます。上人は、愛宕山には清水がないので、清水を出してほしいと希望します。すると、老人は三日間の期限を切って、去って行きました。これが前半部のあらすじです。

ここで、能「愛宕空也」の前半部分の詞章（『日本名著全集　謡曲三百五十番集』二百二十九番より引用）の概略を記載すると、

ワキ調〽これは念仏の行者空也と申す者にて候。我いまだ愛宕山に参らず候ふ程に。唯今思ひ立ちて候。

サシ〽昨日も徒らに暮らさず口に名号を唱へ。今宵も空しく明さず。心に極楽をねがふ。無常の虎の声近

づくにも。臨終（りんじゅう）の夕の唯今ならん事をよろこぶ。雪山の鳥の囀（さえずり）を思ふにも。来迎（らいごう）の朝を待つ。下歌〽一度も南無阿弥仏と唱ふれば。上歌〽蓮の上に登るなる。（略）川路につきて尋ね行く。雲も上るや月の輪を。過ぎて愛宕に着きにけり〱。ワキ調〽（略）先々地蔵権現へ参らばやと思ひ候。げにや都にて承り及びたるよりも尊き霊地にて御座候かな。南無や地蔵大菩薩。六道（ろくどう）能化にてましませば。迷の衆生を導き給へ。詞〽又これなる法華八軸は。帝より賜りたる御経なれば。まづ仏前にて読誦申さばやと思ひ候。（略）我はこの山に住む龍神なるが。仏舎利を持すれば三熱を免かる。つつみ給ふか上人の。唯今読誦し給ひし。御経の軸の中に仏舎利あり。則ちこれをたび給へ。ワキ〽（略）水晶の箱にいれ。しやう色の仏舎利赫奕として見え給へば。則ち取り出し老翁に与へたび給ふ。（略）シテ〽実にありがたき御事かな（略）報恩（ほうおん）何事なりとも。望（のぞみ）を叶へ申すべし。

ワキ〽空也が身には望なしさりながら。此山上に水なくして。遙の谷より汲み運ぶ。御身は龍神にてましまさば。水は心に任すらん。此山上に清水を出し。たえぬ流となし給へ。シテ〽是また安き御事なり。三日が間に老翁が。真の姿を現して。山上に水を出すべし。（略）浮出たる龍神の勢。遙の谷より上ると見えしが、上人に向ひ渇仰するこそ。有難けれ。

となります。

「愛宕空也」の後半のあらすじは、三日後になったとき、龍王は風雨が激しいなかを空中に飛び上がり、空也上人に礼拝して愛宕山の峯に登り木の根を引き抜きました。すると、岩の間から清水が流れ出しました。空也上人はこの水を汲んで天地に供し、十方の諸仏に手向けたとされます。龍王は谷に逆巻く波に乗り、遙かの谷に踊るように消え失せてしまったというものです（喜多流謡本「愛宕空也」一九二一年刊参照）。

このように能「愛宕空也」の構成は、空也上人が仏舎利と引き替えに愛宕山山頂に清水を湧き出させてほしいと龍神に願い、願成就(がんじょうじゅ)した霊験譚を演劇化したものであります。近世期を通じて明治時代初頭の神仏分離までは、能「愛宕空也」の上演を重ねるたびに、空也上人が龍神と交わした宗教的契約によって、愛宕山山頂近くに清水が湧出した霊験譚が観衆の脳裏に刻まれていったといえましょう（大森惠子「伝承のなかの空也像」参照）。

◉近世期の愛宕山と修験的火の神信仰

近世期においても愛宕山山頂は神仏習合の状態であり、愛宕大権現とその神宮寺（別当寺）が共存しており、白雲寺を中心とする修験的火の神信仰が隆盛をきわめていました。

神宮寺の白雲寺と勝軍地蔵

愛宕大権現の本地仏は勝軍地蔵で、主祭神は軻遇突智命(いかづちのみこと)（火の神）であります。愛宕大権現の神宮寺として天台宗に属する白雲寺が大きな勢力を持っており、その塔頭として天台宗の寺が四坊あり、真言宗に属する寺も二坊ありました。近世期の「愛宕山略図」によれば、白雲寺の塔頭として大善院上坊・勝地院長床坊・威徳院西坊・教学院尾崎坊・福寿院下坊・宝蔵院の六坊が存在し、福寿院と宝蔵院の二坊が真言宗の寺であったことが明らかになりました。それぞれの坊が祈願所や宿坊の役割を果たしていたのです。

さらに、前出の「愛宕山略図」には、本殿の右横に熊野(くまの)権現が祀られており、飯縄(いづな)権現社と八天狗社・

図1　飯縄権現像の御札
（高尾山）

子守勝手社はその上方部に位置しています。熊野権現と飯縄権現は山伏が信仰する山の神で、修験道では重要な神にあたります。飯縄権現像は白狐の背に縄と剣を手にした烏（からす）天狗が騎乗している姿をしています。このような飯縄権現像は静岡県の秋葉山秋葉大権現、あるいは長野県の飯縄山の飯縄大権現、東京都の高雄山高雄権現としても奉祭されています。なお、愛宕山の奥の院には、火の神である愛宕大権現を祀っています。

秋葉大権現と山神・火の神信仰

火の神の本家本元のひとつである、秋葉大権現を祀る静岡県の秋葉山に注目します。別当寺であった秋葉寺は秋葉三尺坊大権現像と十一面観音像、将軍（勝軍）地蔵尊を祀っていましたが、明治初頭に神仏習合を廃したため、秋葉三尺坊大権現像は秋葉寺の本寺であった可睡斎（かすいさい）に移されました。享和三（一八〇三）年刊の『遠江（とおとおみ）古迹図会』二の秋葉山の項には、

当時火の神と崇むるは京都愛宕山・秋葉山・讃岐金比羅権現なり。その内秋葉山、最も繁昌と云ふ。（略）唐金の燈籠一対有り。常夜燈なり。風雨の時分燈を人つけざるに自然と火がつく事有り。狗賓の業なりと

> 云ふ。（略）秋葉は祭神大己貴尊今云ふ大黒天これなり。すなわち、秋葉大権現と号す。寺を大登山秋葉寺と云ふ。祭神なるゆゑ、この寺より大黒の像を出すもこの謂なり。その後、嵯峨天皇の御宇大同四巳（ママ）丑年、越後国蔵王堂天台宗十二坊に住する僧、この山に来て一万座の護摩を修行し、行法に依りて翼生じ、天狗と成り、永くこの山の守護神と成る。すなわち三尺坊と名乗り、白狐に乗りて飛行自在をなす。火の神とならせたまふ。後に火炎有りて不動の尊体を顕す。

とあります。この史料からも天狗は山の神であると同時に、白狐に乗って飛行自在に諸国を巡回し、火を司（つかさど）る神にも変質すると信じられたことが明らかとなります（大森惠子『稲荷信仰と宗教民俗』参照）。同様に飯縄大権現も、白狐の背に縄と剣を手に持って騎乗する烏天狗の姿をしており、修験的火の神・山の神を表しています。

　前述したような神観念があったので、愛宕山の奥の院には火の神である愛宕大権現と飯縄大権現が祭祀されていたのです。なお、熊野権現は光源神であり（大森惠子「光源神稲荷の信仰諸相と宗教的要因――特に、熊野信仰の影響を中心にして」参照）、八咫烏（やたがらす）は太陽神の象徴と信じられ、太陽神・光源神などを主祭神とするのが熊野修験です。

　愛宕山には天台宗に属する白雲寺があり、前述したように、その塔頭として天台宗と真言宗の坊が存在していました。つまり、明治初頭の神仏分離まで、愛宕山は天台系の本山派修験は言うに及ばず、真言系の当山派修験をも含有する山岳霊場になっていたと推定できます。

勝軍地蔵と愛宕講

貞享元年（一六八四）に成立した『雍州府志』には、愛宕権現は愛宕山にあって、慶俊が勝軍地蔵を併祭したと記されています。近世後期には、本地仏の勝軍地蔵が武装して白馬に騎乗する姿をしていることと、名称が「勝軍」、つまり「勝つ軍」に通じることから、諸大名が愛宕大権現に厚い信仰を寄せて、各塔頭に「武運長久」の祈祷を依頼したとあります。

今のように愛宕神社が単独で祈祷やお札の授与など、すべての宗教行為を統括していたのではなく、それぞれの参詣者は白雲寺に所属する六坊のひとつに出入りが決まっていましたので、そこで祈祷を依頼したり、樒の枝や火防せのお札などを受けることが一般的でした。千日詣り以外にも愛宕講という宗教組織が日本全国の各村落にあったので、全国各地から参詣の目的で集まった人びとは、愛宕山へ到着すると躊躇することなく、白雲寺の大善院など以前から繋がりのある院や坊へ直行したようです。彼らは寺院の仏前に米などいろいろな供物をお供えし、火防せ祈祷の後にお札を受けて我が家へと帰っていきました。

このような状況は、兵庫県北部の但馬地方に位置する城崎郡竹野町（現在の豊岡市竹野町）で、民俗調査のおりに発見したお札からも推察できます。同町恵比の愛宕講の講箱には長い間、「箱を開けて内部を見てはいけない」という禁忌が付随していました。幸いなことに、愛宕講の責任者の許可を得て講箱を開けて調査をする機会を得て、「絶対開けてはいけないと言われている、愛宕講の講箱があるのですが開けてみますか」と言われたのが、昭和五十五年（一九八〇）ごろの民俗調査のときでした。

このとき、恵比地区の愛宕講員が保管する講箱から出てきたものが、立像のお地蔵さんのお札でした。

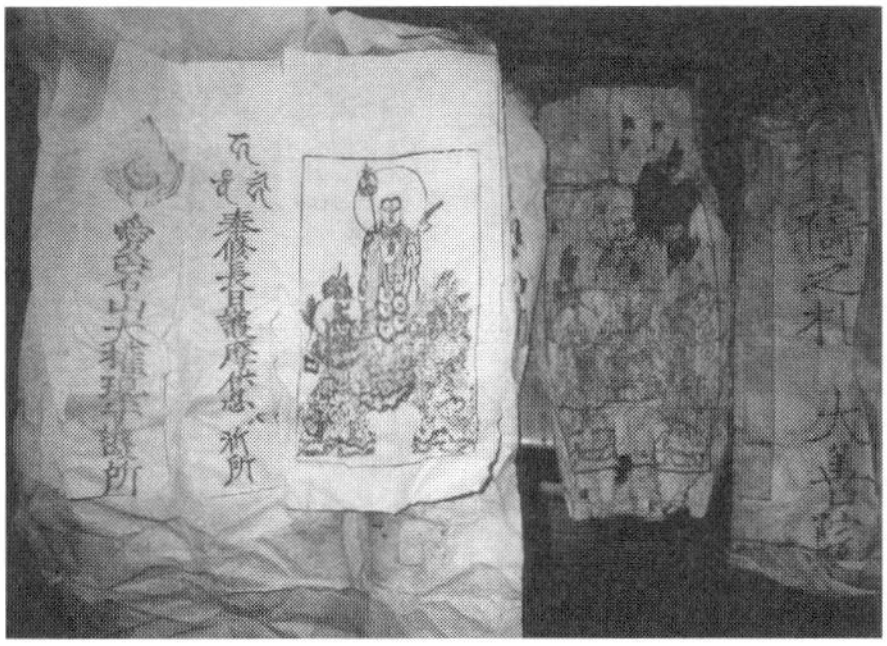

写真４
恵比の愛宕講箱から出てきた大善院のお札

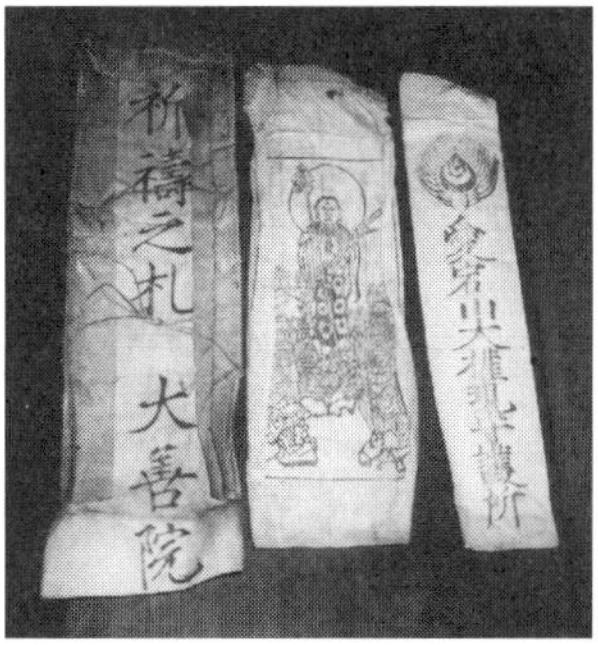

写真３
竹野町恵比の愛宕講箱に入っていたお札（現・豊岡市）

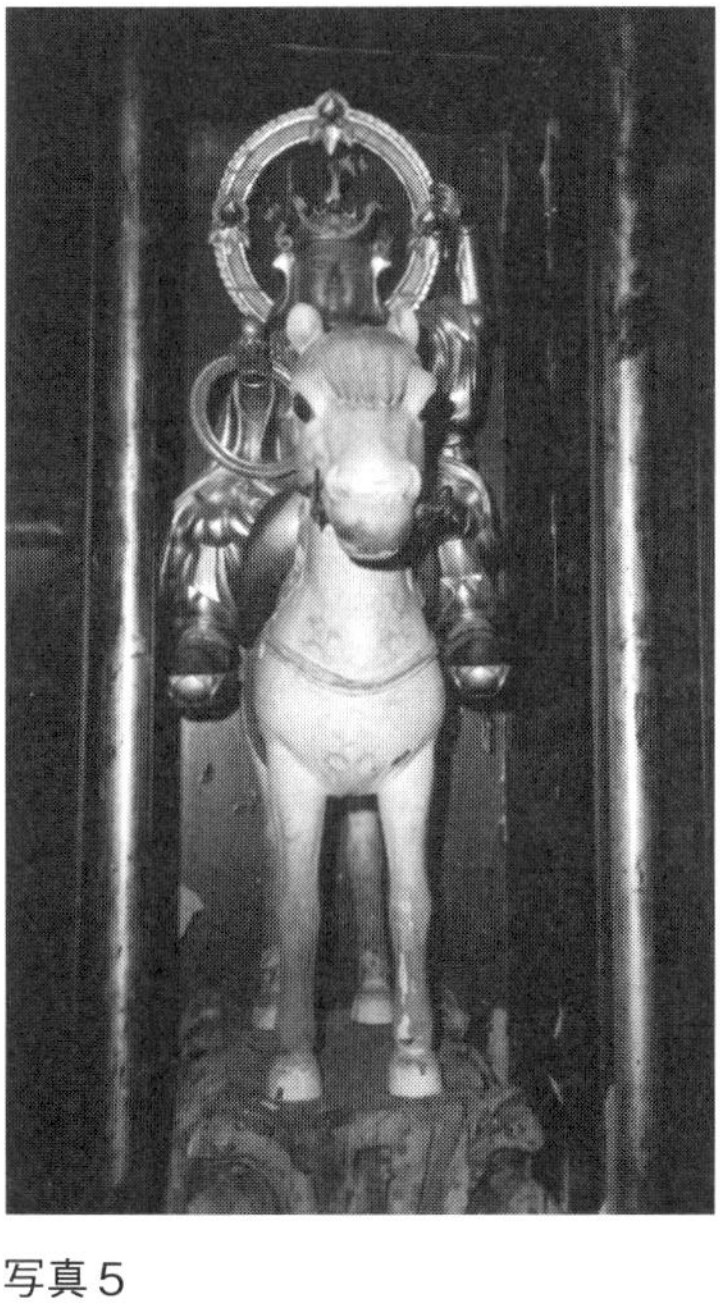

写真５
満願寺境内の勝軍（将軍）地蔵尊
（竹野町）

図２　お札「愛宕大権現託宣」
（細田家蔵）

このお札には、「愛宕大権現守護所」「祈祷の札大善院」と刷ってあります。このお札から白雲寺（天台宗）のひとつの坊である大善院が、但馬の竹野地方を霞にしていたということが判明しました。さらにもう一枚出てきたお札には、役行者の従者である前鬼後鬼を表す一種の鬼らしきものが刷られていました。ところが、このお札を熟視したところ、立像地蔵尊の右側に不動明王、左側に毘沙門天が位置することがわかります。このようなお札の図柄から、愛宕山においては地蔵尊は山の神・火の神でもあり、修験道の影響をも受けていることを示していると考えられます。これらのお札は非常に貴重な史資料です。それ以後今日までずっと民俗調査を続けていますが、この種のお札は一枚も出てきません。ただし、八木透・原島知子両氏の「東北の愛宕信仰――片倉家関連資料調査報告」によれば、但馬の山間部と隣接する兵庫県千種町で同一のお札が出てきたといいます。

以上のように、恵比の講箱のなかに納められていたお札には立像の地蔵尊像が刷られており、地蔵尊は火の神として信仰されていたことが明らかになりました。京都の愛宕大権現（別当寺の白雲寺）は神仏分離まで、立像の地蔵尊のお札を愛宕講の参詣者に授与していたことになります。

一方、竹野の轟に位置し大庄屋を務めた細田家は、「愛宕大権現託宣」と表書きされ、馬に騎乗し武装した地蔵尊の姿が刷られた大型のお札を一枚保管しています。そのお札にも「大善院祈攸」と書かれ、勝軍地蔵の姿が刷られており、細田家はかなり高額な祈祷料を大善院へ包んだものと思われます。

竹野地方で大善院のお札が何枚も発見された理由のひとつに、当地方に大善院の出張所の役割を果たした寺院が存在した事実を指摘することができます。その寺院は羽入（はにゅう）に位置し、高野山真言宗に属する観音寺塔頭のひとつであった金亀院（こんきいん）です。「金亀院文書」には、延宝六年（一六七八）に初代住職宥傳が、愛宕山白雲寺塔頭の大善院から愛宕地蔵権現社（愛宕大権現本地仏の将〔勝〕軍地蔵）を金亀院境内に勧請祭祀したと記録されています。

かくのごとくに神仏習合時代においては、金亀院が但馬地方の愛宕信仰の中心を担っていたと考えられ、竹野町に験競べをともなう多くの「万灯」、つまり、松明行事が昭和初期まで伝承されていたことも納得ができます。

◉愛宕信仰の諸相

愛宕山と霊水信仰

◎月輪寺の霊水信仰と念仏

愛宕山の大鷲峯山腹にあり、天台宗に属する寺が月輪寺であり、「がちりんじ」「がつりんじ」と呼称されるほかに「つきのわでら」とも俗称されます。山号は鎌倉山と号します。この寺は愛宕五山寺のひとつで、本尊は阿弥陀如来像です。天応元年（七八一）に慶俊僧都が開いた寺と伝えられ、その後、空也上人も参籠したとされます。天治二年（一一二五）の奥書がある『空也誄』に「愛宕護山東面の月輪寺毎月十五日に念仏す、上人始められる也」とあり、月輪寺では空也上人の念仏を継承しているといいます。月輪寺の祖始堂には空也上人像が安置され、境内の龍王堂には伝龍王像（平安時代作）が祀られています。

この龍王像は、月輪寺境内に湧出する「清泉龍女水」の龍神を彫ったものとされ、近世後期の「山州名跡志」に龍女水にまつわる話が所収されています。同書は、「愛宕山縁起」を引いて、空也上人が愛宕山に参詣したおりに、女人に変化して現れた大蛇が成仏を願ったので念仏を授け、そのかわりに清泉を湧出するように大蛇に依頼した結果、大蛇の霊力によって清水を湧き出させた話を載せています。

このほかに愛宕山の月輪寺に伝わる念仏聖空也の龍神教化の霊験譚は、天明二年（一七八二）に上梓された「空也上人絵詞伝」巻之下（佛教大学民間念仏研究会編『民間念仏信仰の研究』所収）のなかにも、次のように記載されています。

> 愛宕山月輪寺ハこれ補陀洛山にして　魔界迹を絶し　聖衆来迎の所なりとありしかハ上人愛宕山へ御参詣あらんと御心に思召（略）鐘をたゝき念仏を唱へ　山下より御上りましませハ　老若道俗　地蔵権現の夢中の御告を語り　上人をおかミ奉るなり（略）老翁忽然と来り　御経を聴聞し感徳し　唯今上人のよミ給ふ御経の軸の中に　仏舎利あり　我に授たび玉へといふ　上人汝いかなるものそと問給へは　是ハ清滝川の竜神なり　苦ミをうくる事甚おもし　上人御登山に蛇道の苦ミを助たまへといふ　上人御泪を流し　念仏を授　御経の軸の中より　光明赫奕たる舎利を取出し　竜神に授たぴ給へハ　成仏得道の身となる　則御経を内陣へ納め　念仏御廻向ましませは　地蔵菩薩ハ六道の能化にてましますが故に末世に至るまて　念仏の衆生を西方極楽浄土へ引導し給んと御誓約ありて御経を内陣へ納めたまひぬ　其時竜神御報恩に　上人の御望いかにといふ　上人云　空也が身に望なし　山上に水なくて人のなやミあり　願ハ水をたゝへ衆生を助よと宣へは　竜神やすき御事なりといふ　月輪の屏風石をたゝけハ水出る事かきりなし　竜神は観世音の変化にて　月輪の鎮守に祝ひ玉ひけるとか。

とあり、前出の能「愛宕空也」の内容とほぼ同じです。

興味深いことに、前記した「空也上人絵詞伝」に「上人愛宕山へ御参詣あらんと御心に思召　その夜地蔵権現山上の僧俗老若に夢の御告あり」とか、「念仏御廻向ましませは　地蔵菩薩ハ六道の能化にてましますが故に　末世に至るまで　念仏の衆生を西方極楽浄土へ引導し給んと御誓約ありて御経を内陣へ納めたまひぬ」と書かれています。一八世紀後期の山城国（現・京都府南部）の愛宕山は、極楽往生に霊験あらたかな地蔵大権現（火の神である愛宕大権現の本地仏）が安置される聖なる山として、人びとの信仰が寄せられていたのです。

◎空也の霊験教化譚

当時の愛宕山は、阿弥陀聖・念仏行者として有名な空也上人の霊験譚が、何の抵抗もなく民衆に受け入れられる死者供養の霊場の様相を示していたと推定できます。つまり、山の神は火の神や祖霊神にも、水神・龍神などにも変質しうると人びとから信じられ、空也の霊験教化譚、あるいは龍神の霊異奇瑞譚が民間に広まるにともない、念仏によってこれらの神々を鎮めて、御利益を受けることができると信じられていった有様が理解できます。

ちなみに、月輪寺への登山口のところで、左の道を行くと「空也の滝」の所に出ます。この滝は山岳修行者である修験者が行をする行場で、滝の傍には前鬼と後鬼を従えた役小角の像が安置されています。この滝で空也が滝の行をしたと伝えられ、この滝は、古代から近世にかけて愛宕山において、愛宕修験がさかんであった神仏習合時代の存在を示す遺跡のひとつであります。六字の名号を表現した六体の仏像を口から出し、鹿角杖を突いた遊行姿の空也像は、空也の宗教活動が念仏の詠唱を中心とするものであったと同時に、鹿の角を依り代として山野を巡り山の神・祖霊神・火の神・龍神・死霊などを丁重に祭祀したことを物語っています。

さらに、貞和四年（一三四八）ごろの成立とされる『峯相記』に、「空也上人数年籠山シテ、金泥ノ法華経ヲ。延長二年十二月二日施入ス」と、空也が数年にわたり山に籠もり、すなわち山中で修行をしたという伝承を記録しています。『峯相記』は播磨国の山岳寺院である鶏足寺史の面が強いですが、山岳修験に関わる記述も多い書物です。空也上人立像の形態や鹿角杖の由来伝承からも推測できるように、空也は念仏聖である一面、山野を駆け巡って修行する修験者でもあり、各地を訪れて宗教活動をする遊行聖でもあったと思われます。

とくに、愛宕山における空也霊験譚が、水を司る龍神を念仏の功徳で鎮め、愛宕山上に清水を湧出させたとする話になったのは、愛宕山には火防せに霊験がある愛宕大権現が祀られていることが大きく影響していると思われます。火災の難から免れるには、水神（龍神）の御利益を得る必要があるために、念仏を呪文とし瓢箪を呪具として水神を鎮め祀り、そののち火の神をも鎮めて霊験を得る必要がありました。このような理由から、優れた験力を持つ空也伝承が語り継がれるにいたったのであります（大森惠子「伝承のなかの空也像」参照）。

白猪・白狐と愛宕大権現

◎飯縄大明神と荼吉尼天

勝軍地蔵尊を媒介として、飯縄大明神（大権現）と愛宕大権現は習合し、新しい民間信仰を形作っていきました。もちろん宗教者の関与があったことはいうまでもなく、天保一五年（一八四四）の序をもつ『善光寺道名所図会』巻之四に、

飯綱大明神　祭神は天神第五偶生の御神大戸道尊を斎き祭り、本地は大日如来にしてすなはち不動明王変相にて渡らせたまひ、火防随一の神徳世にいちじるしく、あるいは衆生済度の為に地蔵菩薩と現じ、武門擁護の為に勝軍地蔵と現じたまひ、その冥感測るべからず。縁起下畧。貝原氏云く、陀祇尼天を祭ると。

とあり、飯縄大明神は茶吉尼天（だきにてん）（仏教的稲荷神）を御神体として祭祀したものとも伝えられたことがわか

写真６　笠間稲荷の茶吉尼天（茨城県）

図３　善覚稲荷の茶吉尼天（岡山県）

ります。この史料によれば飯縄大明神は火防せの神で、人びとを火災から守るために、あるときは衆生済度の地蔵菩薩に、一面では武家守護の勝軍（将軍）地蔵の姿で出現すると信じられたことが理解できます。この宗教観念から飯縄大明神が愛宕大権現の本地仏（勝軍地蔵）となって、大火に遭遇する災難から救ってくれると信じる民間信仰が存在したことが推定できます。愛宕大権現の本地仏である勝軍地蔵像に寄せられた火防せ信仰については、すでに「愛宕信仰と地蔵尊――但馬地方を中心として」の論中で指摘したように、全国的な信仰分布が見受けられます。

◎白猪乗り武神像と愛宕信仰

愛宕大権現の本地仏としては、白猪乗り武神像をあげることができます。和泉太夫の正本である古浄瑠璃「あたごの本地」には、白猪の上に武人が乗った挿絵が挿入されていますが、この絵は勝軍地蔵の出現を表現したものであると伝えられます。愛宕大権現が白猪の背に騎乗した武人像で表現されたことから、白猪は愛宕大権現の化身動物、すなわち火の神でもあると信じられるようになりました。昭和三十五年（一九六〇）ころまで京都では、十一月の亥の日に「火防せ」を祈願して囲炉裏や火燵の炉開きをしました。現在でも、茶道の世界では十一月の亥の日に炉開きをして、炭火を燃やす炉から出火しないようにと火の安全を願っています。

ちなみに、古浄瑠璃「あたごの本地」は、寛文年間（一六六一～七二年）中ごろまでに作られた曲と推定されています。この曲の概略は、仏教の諸神を日本化した内容であり、超人日羅将軍が龍神や天狗、猪、不動明王、こんがら、せいたかなどを自由に駆使して、愛宕大権現として祀られるまでの物語です（『演劇百科大辞典』参照）。

また、亥（猪）は多産であることから、豊作を祈願する初夏の行事「亥祭り」にも関わりがあります。京都市の建仁寺塔頭の禅居庵には亥の背に騎乗する摩利支天像が安置されており、稲荷神と同一の豊作祈願に御利益がある農神として、信仰されてきたことからも理解できましょう。摩利支天像は多数の猪の背に乗っている姿から、亥の年にはとくにたくさんのお参りがあるといわれています。私も一度調査に行きましたが、禅居庵の境内には稲荷祠が多数祭祀されていました。多数の猪の背に座す摩利支天像は、豊作を祈願する人びとから農業の神様としても信仰されてきました。近世期の愛宕大権現の別当寺であった白雲寺などはその点に注目し、愛宕大権現の化身動物は白猪とする霊験譚を民間に流布させていったと推定できます。つまり、愛宕大権現側は、後述しますが、荷田社の火の神信仰を表面に出す稲荷山の伏見稲荷と対抗して、稲荷山の白狐に対して愛宕山の白猪というように、白猪に因んで「亥の日」を火防せの日とし、人びとの信仰を集めた可能性が強くなります。

このように、山城国（現・京都市）の愛宕大権現は「亥」を表面に出して民衆を教化したので、民俗行事や俗信のなかにその影響が出ることになりました。

◎民間の亥祭りとヒオウギ・熊野修験

愛宕信仰と関わりがある年中行事として、田の神を祭祀する亥祭りをあげることができます。亥祭りは、月を中心にする太陰暦であれば五～六月に、今の太陽暦になってからは供える花々が間に合わないので一月遅れになり、六～七月に実施する場合が多くなっています。必ずヒオウギと栗の枝を供えます。栗は原始の社会から重要な食物であり保存食にもなりました。また、お菓子の代わりにもなるので、人びとは栗の豊作を祈って亥祭りのおもな供物のひとつにしました。

近年では、亥祭りを伝承している地区の方がきわめて珍しくなってきましたが、町おこしや村おこしをめざして、この行事が復興された場合も数事例存在します。しかし、亥祭りを実施する上で必要な野生のヒオウギや栗の枝・ススキなどが入手できなくなり、再度、亥祭りが廃絶したところもあります。なぜ、民間の田の神様を祀る亥祭りに、必ずヒオウギを立てるのか、という疑問が生じます。これらの供花(くげ)のうち、とくにヒオウギは熊野修験の影響を受けた花と筆者は推察しています。

植物のヒオウギは根本から扇状に葉が広がっている状態から、神仏を招く呪具(じゅぐ)、依り代として宗教的行事に登場します。ヒオウギの別称は、黒い実ができることから「ヌバタマ」とか「カラスオウギ（烏扇）」といいます。これらの別称からもヒオウギは祖霊神・太陽神の霊草と、人びとから信じられるようになったと推定できます。その一例が和歌山県の那智(なち)の火祭りに登場する扇神輿(おうぎみこし)です。この根元部分に添えられたヒオウギをもとに考察すると、烏扇の別称を民間に流布していったのは、烏と関わりの深い熊野系修験者であった可能性が強くなってきます。なぜならば、火祭りのときは那智の滝の近くに扇神輿が立てられ、その前方部で烏の被(かぶ)り物(もの)を頭上に着けた神官が、剣状の削り掛けを手に持って扇ほめの神事を行いますが、この姿は八咫烏を表しています。八咫烏は、すなわち太陽神、火の神を表現したものと考えられるからです。いうまでもありませんが、熊野の牛玉宝印(ごおうほういん)はすべて烏の模様を使って文字が描かれています（大森恵子「祇園祭と修験」参照）。

鄙見を加えたように、近世において愛宕山は、錫杖を手に持つ立像の地蔵尊と、甲冑を着た勝軍地蔵を信仰の中心に据え、しかも古浄瑠璃をもとに愛宕大権現の化身動物を白猪として、それらの信仰を表出していたことがわかります。なぜ、そうせざるをえなかったかというと、愛宕大権現の神宮寺であった白雲寺（天台宗）は、当初は伏見稲荷の荷田社を念頭に入れていましたが、その後、伏見稲荷の本願所である愛染寺（真言宗の教王護国寺末）の勢力が強くなり、本山派修験（天台宗系）は当山派修験（真言宗系）と対抗しなければならない現状が起こったと思われます。

写真７　那智の火祭り
（和歌山県。昭和47年〔1972〕7月撮影）

写真８　那智の火祭りの扇神輿
（和歌山県。昭和47年〔1972〕7月撮影）

◎聖と伏見稲荷山荷田社の火の神信仰

愛宕山の白猪を考察する上で、稲荷山の白狐も考える必要があります。伏見稲荷も霊験譚を民衆に流布するために、能を演じさせていた時代がありました。ここで、現在では廃曲になった謡曲「稲荷（いなり）（龍頭（りゅうとう）太夫（だゆう））」（法政大学能楽研究所本）の詞章を見ることにします。

シテ〽三の塚とハ三天を安置。同じく如意宝珠を埋まれたり。されバ宝珠年々に分ず。着更衣初午に熊野の権現この山へ影向有って。参詣の内に信心ふかき輩にハ彼分珠をあたへ給ふなり。またあの三の嶺について。忝くも明神の御詠歌あるぞかし。下〽我頼む、人の願いを照すとて。浮世に残す三の燈。詞〽誠にあゆミをはこぶ人ハ無明の闇忽に晴つべし。（略）シテサシ〽然るに山神龍頭太夫勅をうけ　下向〽かたしけなくも、神輿を移し崇給ふ、シテ〽其時大師大唐より、同〽御身を放さぬ仏舎利を龍頭太にあたへ給へば歓喜なのめならざるあまり。末社と成て。守護し給ふ、（略）シテ上〽何をか今ハつゝむべき。我は此山に年へたる。龍頭太夫我なり　上地〽偖ハ聞へし龍頭の。和光の姿額はして、（略）（中入）後シテ〽そもそも是ハ虚空を飛行し、通力自在を得たる。わけ雷の神なり。詞〽偖も当山の宮ハ、弘法震旦より勧請し給ひ。王城の守護神となり。大師も仏法秘蜜様々の霊地なり。（略）上詞〽其時御殿の扉を開き。扉を開き。本地大聖不動明王の化身を顕ハし、利剣をひつさげ出あひ給へバ、シテ〽又鳴神ハ。がくを取りかへし、あからんとするを、地〽明神立より鳴神を。大地に打ふせ、額を取返し。さつくの縄にいましめらるれバ、シテ下〽鳴神ハ、鳴神は、同〽せんかたなくて。今より後ハ此山に。来るまじと。感涙をながし申けれバ。鬼神に横道なきぞとて。放し給へば喜悦をなして。大木に飛かゝり。雲霧を分て。のほり行ば。額をバ鳥居にかけ給ひ。神ハ社壇に入せ給ふ。か、るきどくあらたなりける。神慮の程こそ。有かたけれ。

と記載されています。この詞章からも、龍頭太夫は山神で、闇夜を照らし夜道を急ぐ衆生を助けると信じられたことが明らかになります。

要するに、稲荷山には三つの峰があり、それぞれ如意宝珠（玉）が埋められているため、夜になるとそれが光りを放つと書かれています。しかも、稲荷山には龍頭太夫という龍の頭をした山の神がいて、昼は太陽の光のもとで仕事をするけれど、夜になると頭部から光線が放たれ、ちょうど、ライトの役割を果たして昼のようになったと伝えられます。つまり、龍頭太夫は太陽神と同じと表現しているのです。龍頭太夫は夜も木こりの仕事をします。前出の詞章から龍頭太夫は山の神様であり、太陽の神様、火の神様であるということがわかります。

詞章から判断すると稲荷明神は、策の綱を持った烏天狗（不動明王）の姿で出現している様子が理解できます。すなわち、稲荷明神は飯縄権現と同じ姿であり、山岳霊場に祭祀された火の神と同じ形態の像です。

このほかに伏見の稲荷山山頂には、竈の神様を奉祭する荷田社が鎮座していました。この社は応仁の乱以前は山頂にありました。稲荷山の絵図を見ると荷田社の近くに命婦（みょうぶ）社があり、両社は対になっていました。修験がここで活動していたのだと思います（大森恵子「愛法神・性愛神と稲荷信仰——特に、女狐と女性・神子を中心にして」参照）。応仁の乱の戦火で焼けたために、山上にあった社殿は稲荷山を下りて麓に再建されました。山頂に鎮座していたころは、荷田社に聖火を焚き続ける聖たちが集まって、竈の火を祭祀する火の神信仰を民間へ流布していったと推定できます。

また、謡曲「稲荷（龍頭太夫）」に記された稲荷山の山の神は、不動明王のごとき様相をし、剣と縄を手に持つ姿で出現し、鳴神（雷神）が額を取ろうとするのを取り返したとされます。この稲荷山の山神の姿を白狐の背に乗せた形態は、秋葉大権現や飯縄大権現・道了権現など、山岳霊場の山神・火の神の姿と同一形態であり、稲荷山にも修験的な山神信仰や火の神信仰が存在したことが理解できます。

述べてきたように、山城国の稲荷山にも聖火を焚き続ける「ひじり（聖）」が存在したことは確かといえましょう。

愛宕山と死者供養

◎愛宕山の土器投げと死者供養

京都市の壬生寺や清凉寺で演じられる大念仏狂言の演目のなかに、「愛宕詣」という念仏狂言があります。清凉寺の「愛宕詣」の場合は、舞い手が舞台上から観客の方へ小型の土器をぽんと投げます。壬生寺の「愛宕詣」の場合は、現在は舞台上から土器形をしたお煎餅が投げられるようになりました。これらの念仏狂言の演出方法からも推察できるように、愛宕山には「かわらけ（土器）投げ」の習俗がありました。

寛政元年（一七八九）に司馬江漢が記述した『江漢西遊日記』に、「三月（略）十四日（略）夫より嵯峨の釈迦堂茶店に休み、裏を出て愛宕へ行く。路ふもとより五十町清滝なと云処ありて、路々喰物あり、人をも泊る。女土器を投る妙なり。山上に至れは雪消残る」と記されており、江戸時代中期にはこの習俗が行われていた様子が窺えます。

一方、京都市中京区の壬生寺で奉納される壬生狂言（大念仏）の演目には、「炮烙割り」があります。炮烙とは、直径約三十五センチメートルの土製の皿で、本来、このなかに豆とか胡麻、番茶などを入れて火にかけ、焙じる器のことですが、壬生寺では節分の間に参詣者が炮烙を買い求めて、これに氏名・生年月日・祈願内容などを墨で書いて、ご本尊の地蔵尊に奉納します。四月下旬の壬生大念仏狂言奉納会の初日に「炮烙割り」が演じられ、舞い手が舞台の前方に高く積み上げられた炮烙を舞台の下方に次々に落とし、奉納者の厄除け祈願を成就する内容の念仏狂言を演じます。

筆者は、愛宕詣りのおりに投げられた土器が大型になって、炮烙に変化したのではないかと考えています。つまり、落語の「愛宕詣」の詞章や、清凉寺の嵯峨念仏狂言「愛宕詣」の演出に登場する小さな土器がもともとの形と思われます。落語の「愛宕詣」は、愛宕山の山頂をめざして山登りをしていると、誰かが一生懸命に土器を投げている情景を目にし、自分も真似をしようと土器投げに挑戦するところから始まります。

土器投げがいつごろからあり、何のために行われていたのかというと、何人かで愛宕山にお詣りして遠方まで投げる行為は、互いに競争をしているわけです。愛宕山には急な山路を歩いて登りますが、この行為は修行でもありますから、あるところまで来れば山の神の験力が自分の身についてくるという考え方も可能なわけで、土器を投げて競争をするのも験競べの一形態なのです。また、土器を投げて壊す行為は、滅罪、つまり死者が極楽に往生するといった意味もあったわけです。

このほかに、死者の供養をするためには、品物を投げて散供（さんぐ）します。荒ぶる神に対する供物は、物を投げることで、「鬼は外」といって豆を撒くのと同じ原理です。昔から怖い神や仏には、物を投げて供えるということをします。仏なのになぜ供物を投げるのかというと、仏を祀らないでいると祟る霊・御霊となるので、人びとは一生懸命供養をするのです。そうすれば、子孫に恩恵を与えてくれる和霊となって、いろいろな福や幸せを子孫にもたらしてくれると信じられてきました。供養や祭祀を放棄すれば「祟る」と考えているので、供物を投げても「お供えしているのだから、祟らないでください」というお願いの意味もあって、土器投げをするのではないかと推定されています。

◎地蔵信仰と融通念仏・大念仏狂言

地蔵信仰を中心として京都嵯峨の清凉寺と愛宕大権現、および清凉寺内の地蔵院との関わりと、あわせて壬生寺との関わりについても考察していきます。清凉寺は愛宕大権現の山下別当寺的役割を果たしてきたお寺で、大松明や念仏狂言などの行事を今なお伝承しています。延宝七年（一六七九）以降に記述されたとされる『近畿歴覧記』を見ると、

> 既ニシテ北嵯峨愛宕山清凉寺ニ到ル、（略）然ハ長和五年三月十六日遷化、謚弘法大師、墓ハ上人ノ坊東ノ竹林ニアリ。大原良忍モ此ノ処ニ暫ク住セラル。今三月十五日ノ大念仏、是亦融通念仏ノ余流ナリ、今ハ専ラ浄土専念宗ノ上人、清凉寺ノ方丈ニ住ス寺中ニ浄土宗ノ坊舎二箇所アリ。（略）融通念仏ノ縁起二巻、是ハ当寺ノ内地蔵院ノ什物なり。

とあります。この史料より愛宕山清凉寺内の浄土宗に属する二坊で、三月十五日に融通念仏の流れをく

む大念仏が修せられていたことと、清涼寺内の地蔵院には、融通念仏の縁起絵巻が二巻保管されていたことがわかります。

愛宕山の山下の別当である清涼寺には、今でも大念仏狂言が残っていますし、前記したように壬生寺にも大念仏狂言が残っています。これらはひとつの共通性を後世に伝えており、江戸前期に書かれた『近畿歴覧記』には、なぜ壬生寺と清涼寺は同じようなことをするのかという、ひとつのキーポイントがありました。

壬生寺を復興したのは円覚上人です。その人は三井寺（みいでら）の園城寺（おんじょうじ）にも入り、園城寺は修験道の寺であったわけです。円覚上人は清涼寺でも修行して、能楽「百萬」などに謡われているように「母みた念仏」と俗称した融通念仏（ゆうずうねんぶつ）をさかんにしました。能楽「百萬」では母親が行方不明になった子どもを探して、一心に念仏を詠唱する状況が出てきます。能楽「百萬」の詞章（『謡曲集　上』所収）を取り上げると、

> この頃は嵯峨の大念仏にて候ふほどに、この幼き人を連れ申し、念仏に参らばやと存じ候（略）、中にも女物狂ひのござ候ふが、（略）。
> シテ〽南無阿弥陀仏、地〽南無阿弥陀仏、シテ〽南無阿弥陀仏、地〽南無阿弥陀仏、シテ〽弥陀頼む、（略）。

とあります。この詞章からも清涼寺は、死者供養を中心にし、念仏を繰り

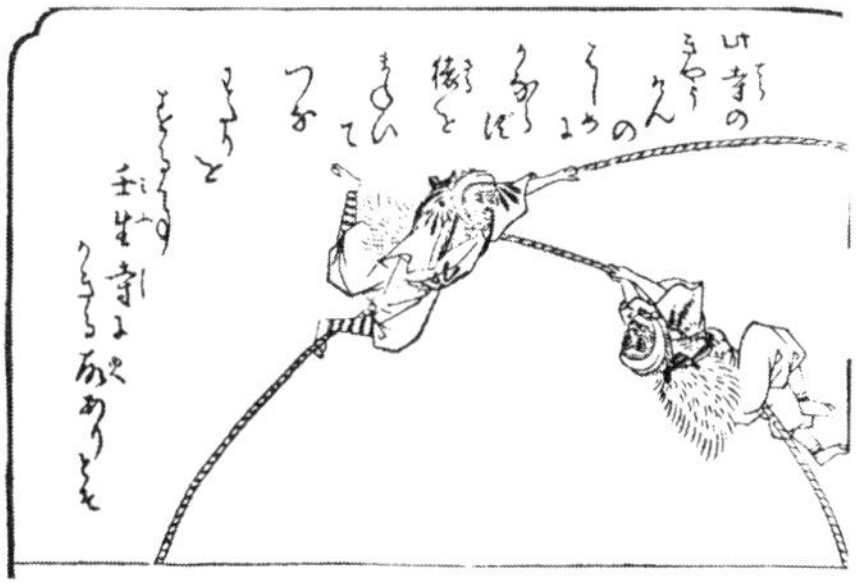

図４　猿狂言（壬生大念仏）の図
（『花洛細見図』元禄 17 年〔1704〕刊）

返し詠唱して民衆を教化する寺であった様子が窺えます。

円覚上人がのちに壬生寺に移って地蔵信仰を表面に出しつつ、三井寺修験との関係を大念仏狂言のなかに取り入れたと考えられます。江戸時代には、壬生狂言のことを「猿狂言」といって、猿の曲芸を演じて喝采を浴びたのですが、明治初頭の神仏分離からあと、急に猿が出なくなりました。猿は山王さん（日枝大社）の祭神である、山の神の化身動物なのです。念仏狂言の演出のなかに、三井寺修験の民衆教化策の一端を取り入れたのです。しかし、明治時代初頭の神仏分離政策によって仏教色が表面に出せなくなり、いつのまにか壬生狂言の演目から猿狂言が消えてしまったと推定できます。

さらに、『近畿歴覧記』の壬生寺の項に注目すると、

> 壬生寺宝幢寺ニ至ル、此ノ辺総テ壬生ト称ス、故ニ壬生寺トモ云ヘリ、（略）旧ト真言律ニテ南都唐招提寺ノ末寺なり、中比三井ノ園城寺ヘ附シ事モアルニヨリ、或ハ小三井寺ト称シタル事モアリシトナン。中比円覚上人此ノ寺ニ住シ、融通念仏ヲ執行セリ、其ノ始ハ後伏見院正安年中ナリ、（略）今三月十五日ヨリ□□□□□同ク二十四日結願ナリ。元念仏ノ間睡サマサン為ニ、地下人狂言ヲ始メシヨリ、今ニ当所ノ者念仏狂言ヲ勤ム、今ハ念仏ヨリハ狂言ヲ見ル人多ク集レリ、毎物本ヲ忘レ末ヲ遂フ、世中ノ習笑フニ堪タル事ノミナリ、狂言役者ヘノ下行モ此ノ寺ヨリ支配ストナン。凡ソ毎年元日ヨリ七日マテ修正ノ法事アリ、七日ノ夜牛玉宝印加持アリ、地蔵ヘ供スル鏡餅ヲ勝ノ餅ト云フ、勝軍地蔵ノ遺意カ、之ヲ切リ諸人ニ与ヘ、（略）。

と書かれています。

このように壬生寺においても、清涼寺で融通念仏を勧めた円覚上人が融通念仏を修したと伝えられています。しかし、後には融通念仏より念仏狂言の方が人気が出たことと、修正会（しゅしょうえ）で地蔵尊に供える鏡餅を「勝の餅」といい、この名称は勝軍地蔵になぞらえているのであろうと記録されています。

このような宗教的活動や霊験譚を民衆にわかりやすく教えるために、霊験譚を主題にした念仏芸能や能楽を演じ、さらに、その演目の内容をとおして、修験者たちが死者供養や火の神信仰、あるいは勝軍地蔵などの信仰を民間に広めていったといえましょう。

◉千日詣りと松明行事

千日詣りと火防せ祈願

◎現行の千日詣り

愛宕信仰を代表する年中行事といえば、七月三十一日の夕方から八月一日の早朝にかけて愛宕山山頂まで登り、愛宕神社に参詣して火防せを願う「千日詣り（せんにちまいり）」があげられます。この期間に通称「愛宕さん（愛宕神社）」に参詣すれば、千日間参詣したと同じ功徳（くどく）・御利益（ごりやく）を受けることができるという民間信仰に基づいたものです。登山中は、登ってくる人に対して下（くだ）って来る人が「おのぼりやす」とか「ようお詣り」と声を掛け、下山する人に対して登山する人が「お下りやす」と、声を掛け合ってお互いに励ますことになっています。「千日詣り」といえば、「愛宕山」という言葉が返ってくるように、京都の人たちの生活のなかに長年にわたって、愛宕信仰は生き続けてきたのです。また、千日詣りは、参詣者が標高九二四

写真９　京都市の愛宕神社

写真10　千日詣り

メートルの愛宕山頂に鎮座する愛宕神社で、一晩籠もることにもなります。

千日詣りに三歳未満の幼児を連れて愛宕神社にお詣りすれば、その子は一生火事に遭遇しないとされます。この信仰は、まだ民間に生き続けているようで、愛宕神社は火難除けの神として、人びとから信仰されてきました。

愛宕山頂では、七月三十一日の午後九時から夕御饌祭があり、神事の後で修験者による柴燈護摩供養が行われます。これは神仏分離がなされた現在の愛宕神社の神事です。なぜ修験者が出てくるのかという疑問が生じますが、その理由は、明治政府が神仏分離を断行しても愛宕神社の祭事から完全に仏教色を一掃することができなかったことと、近年は神仏習合時代を再現することも公然と試みられるように変化したことなどが考えられます。

八月一日の早朝午前四時ごろ（最近は二時からが多い）から、朝御饌祭が催されることになっています。朝御饌祭では、神前で鎮火神事が修せられ、人長舞が奉納されます。この神事が終了した時点で、参詣者のなかには下山を開始するために、電灯の明かりに照らされた参道へ向かう人たちが増えてきます。

急勾配のために下山するより愛宕山へ登る方がたいへんで、「お下りやす」と返す言葉が口からでないほど、息切れがします。しかし、疲労困憊した人でも愛宕山山頂に到着した途端に、あの急勾配を登る辛さやたいへんさを忘れ、ほっとしたり、「やった」という達成感に満たされます。あの満足感は「行（ぎょう）」の達成感と同じなのです。人びとは、急勾配の参詣道を一心に登る「行」を体験しながら、山頂を極めると即時に愛宕神社にお詣りをして、火の神様である愛宕大明神を丁重に祭祀するのです。火事という厄に遭わないように、厄除けを祈願して帰るのです。この習俗を、千日詣りとよんでいます。

千日詣りをした人びとは、愛宕神社から「火迺要慎（阿多古祀符）」という文字が摺られたお札を受けて持ち帰り、必ず台所の竈やガステーブルの近辺にぺたりと貼り付けます。千日詣りに参詣できない場合は、いつでもよいので古いお札を持って登り、愛宕神社に納め、新しい札を神社から受けてくればいいのです。このような火伏せの信仰が、愛宕神社には現在でも生き続けているのです。

◎近世期の千日詣り

江戸時代後期には大勢の人びとが千日詣りに参加したらしく、次のように記述されています。文化三年（一八〇六）に刻成された『諸国図会　年中行事大成』の六月の部を見ると、

愛宕山千日詣　愛宕神社の事は五月廿四日の条下に記す。
今日愛宕に詣ずれば平日の千度に充るといふて詣人群をなす。是を千日詣といふ。諸寺院の千日詣皆其例なり。夏日炎暑を避んが為昨夜より登山するもの多し。皆松明提灯を携ふ。山下より遙にこれを望むと

きは恰も蛍火の絡繹たるが如し。諸人百味又米銭を献ず。爾して寺僧六坊の中常に相知る所の坊に入る。これを坊着といふ。（略）六坊毎に檀越有て札を送る。其勤する者を中衆と云。

と記されています。この史料から、近世後期のころは「千日詣り」と称して、人びとが手に手に松明を持って愛宕山頂を目指して登って行った状況が窺えます。同書によればその有様は、まさに無数の蛍火が飛び交う様に見えたとあります。

『諸国図会　年中行事大成』の記述から推測すると一九世紀初めごろは、千日詣りの日程が現行の日時と違い、五月二十四日に行われていたことがわかります。夜間に松明を手に持って愛宕山に登るという行為は、足元を照らす照明の目的もありますが、山頂に鎮座した愛宕大権現（神仏習合時の名称）へ火を献じることにもなるわけです。電灯が点いていない時代は、皆が松明を持って登ったわけですから、全員がお灯明を火の神に捧げたことになります。これが愛宕火で、火を献ずる行為であったといえます。つまり、当時の千日詣りは、松明行事の一形態でもあったと考えられます。

現在は参道の両側に電線が引かれて電球が足元を照らしているので、参詣者は松明を持たないで登ることができます。本来は山上に登ってから、愛宕大権現に火を献じ、お米やお金やいろいろなお供物もお供えする宗教行事であったことを、参詣者は忘れてしまっていると思います。

◎本来の千日詣りの日

『諸国図会　年中行事大成』の記録のように、お地蔵さんの縁日である二十四日を千日詣りの日としていたのですが、明治政府が神仏分離令を発布して仏教色を一掃しろと命令したことによって、日程も変えなくてはならなくなりました。そこで、徐々に日程が変わって、現在は七月三十一日の夕方から八月一日の早朝にかけて、京都市右京区の愛宕神社へお参りするようになりました。

ところが、神仏分離後も習合時の習俗をずっと伝承している愛宕神社もあります。それは東京都港区の愛宕神社で、徳川家康が江戸城を築城して入城するときに、「京都の愛宕大権現の分霊を城内に勧請せよ」という命令にしたがって、お祀りしたという祭祀由来が付随しています。古来、この神社では、「専一詣」と称して千日詣りが旧暦の六月二十四日に行われますが、古代の「鎮火祭」がその起源とされてきました。港区の愛宕神社では、新暦になってからも、一月遅れの六月二十四日の日を今日まで守って「愛宕の千日詣り」を実施しています。

この日に愛宕神社の境内では、ほおづき市が立ちます。昔、愛宕大権現のお告げを受けた人が、江戸の愛宕山に自生するほおづきを採取して、子どもに飲ませたところ虫除けの薬となり、婦人に飲ませれば癪の薬になったという故事に因んで、「霊験あらたかな愛宕のほおづき」となったと伝えられます。この霊験譚からも、江戸の愛宕山で活動する宗教者（修験者）は、薬草に関するかなり専門的な知識を持っていた様子が窺えます。

前述したように、近世期における京都の愛宕大権現では五月二十四日に千日詣りが実施されていたので、六月二十四日ということは一月遅れの千日詣りが行われてきたわけです。港区の愛宕神社では、京都の愛宕神社ほど徹底的に神仏分離が行われなかったようです。なぜかといえば、東京の場合は、本地仏である勝軍（将軍）地蔵が境内末社として祀り続けられている現状からも理解できます。

写真 11　金蔵寺境内の愛宕堂への参道

写真 12　金蔵寺の愛宕大権現堂（勝軍地蔵尊）

京都の場合は、神仏分離のときに同じ愛宕山の峰続きに位置する金蔵寺に、本地仏である勝軍地蔵が遷座になったわけです。この事実を知っている人びとは、千日詣りのおりに愛宕山の愛宕神社に行かないで、火難を避けるために必ず幼児が三歳になるまでに金蔵寺の勝軍地蔵尊へ連れて詣ると伝承されます。このように、明治政府が神仏分離令を発布しても、民衆の信仰心を断ち切ることはできなかったのです。金蔵寺の勝軍地蔵尊へ千日詣りをする習俗は、信仰のなかに歴史を見ることができる、ひとつの事例といえましょう。金蔵寺の勝軍地蔵堂の前方部には「元愛宕大権現」と書かれ、堂内には兜を着て武装し、馬の背に騎乗した勝軍地蔵尊像が安置されています。

聖火と松明行事

◎聖と火

前記したように古来、愛宕山には「愛宕の太郎坊」と名乗る天狗が住んでいると信じられてきました。天狗は山の神様です。山岳霊場として栄えた高山の山頂では、山岳修行者の手によって何が焚かれていたのでしょうか。

なぜ、山岳修行者である山伏のことを、「ひじり（聖）」というのでしょうか。「ひじり」というのは火を絶えず焚いている人、そして仏様や神様の近くにいて、神仏の祭祀を熱心にする人という意味がありました。このような理由から、家の囲炉裏で火を焚くときに、主婦が座っている下座（しもざ）を、以前は「きじり」という言い方をしました。

現在でも、お盆やお正月の期間には、家の庭先や墓地・村境などで迎え火や送り火などを焚いて、祖霊や新精霊を火でお迎えしたり送ったりします。日本の民間信仰では、火そのものを私たちの祖先霊の象徴と考えてきました。

たとえば、囲炉裏を焚いていた昭和三十年（一九五五）ごろまでは、十二月三十一日の大晦日にかぎり、家族の誰かが起きて火の世話をし、火が消えることを恐れて絶対眠りませんでした。大晦日の夜はさまざまに扮装した祖霊神が子孫の家を訪れる聖なる夜とされ、祖霊の象徴である火が消えることを忌（い）みて、絶えず火を焚き続けたわけです。当時は、自分の家は囲炉裏の火のように、何百年も続いているということが自慢でもありました。

囲炉裏の火を消すときは、身内の誰かが亡くなったときで、忌み（葬式）があると火が穢（けが）れたとされ、火を消さざるをえなかったわけです。忌みが明けてあらためて火を焚くときは、その家の本家筋や分家筋などの血縁者の囲炉裏から火をもらってきて、焚き続けたのです。この繰り返しで身内の火種（ひだね）を守り、何百年も焚き続けてきたのです。

このような慣習をもとに推察すれば、火は祖先の象徴であり、火はその家の古さを表しているといえましょう。つまり、囲炉裏の周辺で生活していた時代には、火は祖霊や山の神を表しているという考え方が、一般化していきました。もちろん、邪悪なものを火で浄(きよ)めるという意味もあり、火は悪霊を鎮める呪力をもつものとも信じられました。

◎松明行事と験競べ

嵯峨の清凉寺は、愛宕山下の別当寺という関係です。山上の別当寺が白雲寺であれば、山の下は清凉寺が牛耳っていたわけで、愛宕山清凉寺といいます。柱松の行事が三月十五日の夜に実施されます。ロート状の大松明(たいまつ)が三本立っていて、このなかに火の点いた松明を投げ入れたりすることができます。これも験競べの一種です。『諸国図会　年中行事大成』に、

嵯峨柱炬　清凉寺釈迦堂前に於て大続松三基を建て、暮に及び火を点じ各続松を繞り弥陀号を唱ふ。是西域に於て釈尊の遺骸を荼毘せし遺意なりとぞ。

其式　釈迦堂の前に四間許の大炬を三ケ所に立、めぐりには竹を立て、夫の竹の葉杉葉の焼きたるを数多結び付、堂前には近郷十三ケ村所謂（略）百姓各かはるかはるに篝火を焼き、鉦をうち念仏を唱ふ。暮六ツ半に至れば大覚寺御門跡の候人挑灯を照らし、火消役の者を数多召連、堂前に来りてをのをの炬火の前に列し、火消役は過半大門の階に登る。（略）火を□て藁に燃し、竿頭に付て大炬火の上より落すと等しく此火竹の葉杉葉にもえ付、大炬に移りて次第に下の方へ火移り、一度に焔々と燃あがる。其余二本の炬も亦斯の如くして、三本等しく炎熾んなる時、魁首一人刀を抜きてあたりをめぐる事三般す。

とあります。

時代の推移とともに、清涼寺の松明行事で互いに競った験競べの要素が忘れられてしまったので、現在では松明が燃える状態から、稲の豊凶を占っています。松明を逆にして、逆三角形にする形態は、修験道の火祭りや松明行事で多く見受けられます。

なお、神仏習合時代には清涼寺は、とくに三月十五日の夜に催される「お松明」の行事において、愛宕大権現の山下別当寺的役割を果たしていた名残が感じられます。

明治時代になってから九州彦山の旧儀を書き上げた「英彦山神社古来伝来祭典旧義之次第」には、

一、二月十三日従前此柱松ハ嵯峨ノ柱松ト云フ事アリ、能ク趣ヲ同クス。両部習合ニテハ火柱松ト云フ。護摩採燈ノ法ナリト云フ。

写真13　清涼寺の大松明

とあります。彦山でも京都嵯峨の柱松と同じ形態の火祭りが、春の峯入りのおりに行われていたのです。つまり、嵯峨の松明行事も、愛宕修験の験競べを今に伝えるものと思われます。嵯峨の松明をフジカツラで固定しますが、天狗の鼻状になったフジカツラの部分を「テング」と呼称するのも、かつて、修験者が松明行事に関与していたことを示していると考えられます。

◎但馬の松明行事と験競べ

民間では松明の束に縄をつけたり、松明と麻幹（おがら）を一束にしたものを竹竿に挿したものを、「松明」「万灯（まんとう）」「愛宕火」と称して火を点火します。これらを振り回したり打ち合わせたりして、そのときの松明の燃え具合によってその年の晴雨や作物の豊凶を占います。松明を手に持ちこれをどれだけ高く振れるか、松明をいかに丸く回すかを、それぞれが競うので、「火振り」といいます。これもひとつの験競べであり、下手な人はすぐに松明を落とし、火が消えてしまいます。松明行事には、さまざまな形態の験競べが存在します。

地方に分布している松明行事で最もよく見られる松明の形態は、麦藁（わら）や松明を束にして一～二メートルの長さの竹竿の先に括くりつけたものです。以前はこの種の松明に火をつけてから、お互いに打ち合わせたり、両手に持って振り回したりしました。これも験競べです。打ち落として相手の松明が落ちると、その人の勝ちとなります。

章末に「但馬地方の愛宕火・万灯一覧表」を掲載してあるので、参考にしてください。この表の動作の欄に注目すると、直立型・打ち合い型・火振り型・釣り火型に分類でき、なかでも打ち合い型・火振り型が験競べの要素を残しているといえます。この表を作成した時点では、養父（やぶ）郡大屋町（現・養父市大屋町）大杉の万灯行事が復興されていなかったので、行事次第を中心に述べます。

大屋町では樽見（たるみ）と宮垣の万灯は廃絶しましたが、大杉・蔵垣・夏梅（なつめ）の場合は現行の行事となっています。

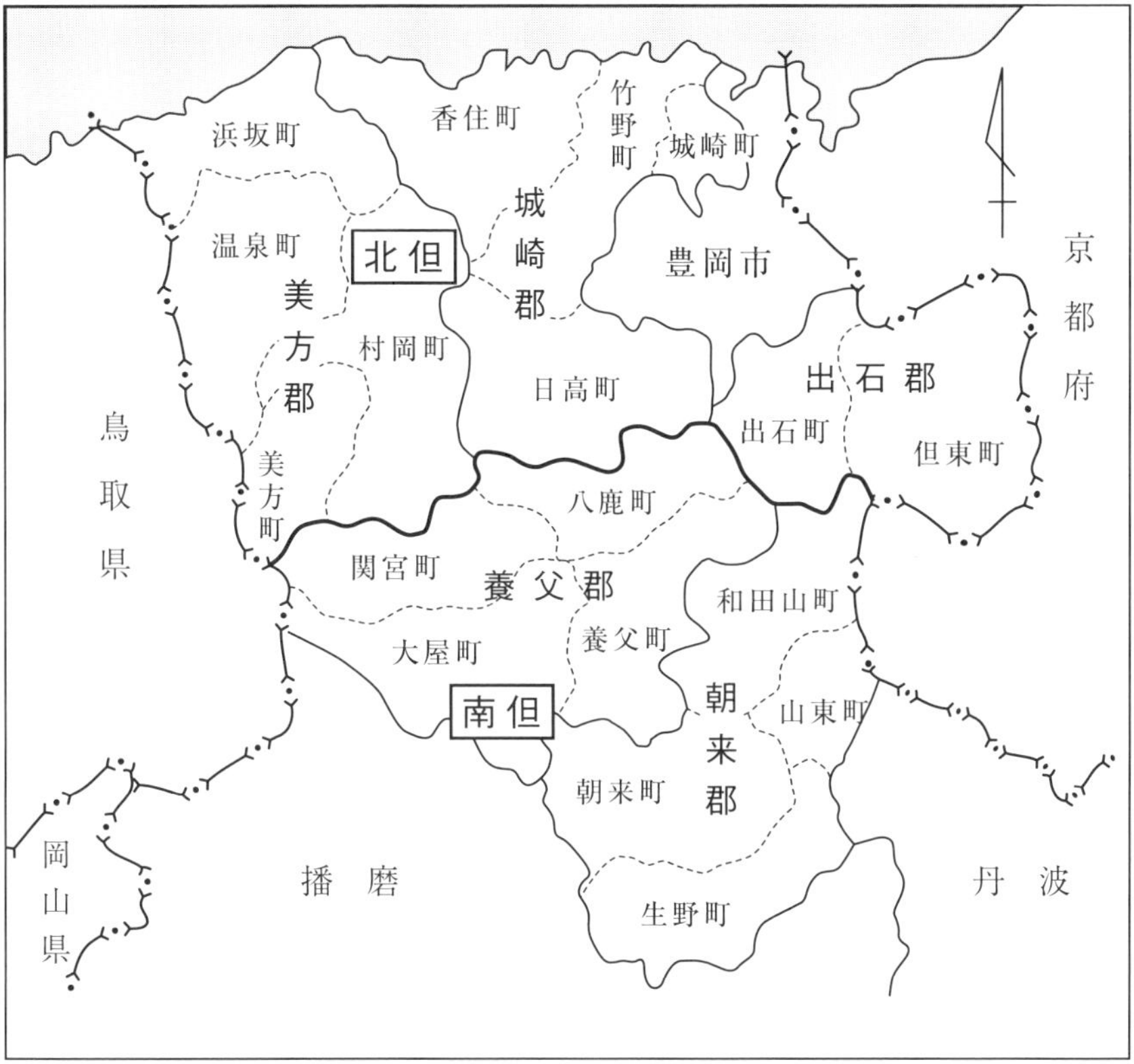

図５　但馬における各市部と町村名（平成16年〔2004〕3月31日現在）

写真15　森本字市場の万灯
（兵庫県城崎郡竹野町〔現・豊岡市〕）

写真14　大屋町大杉の万灯
（兵庫県養父郡〔現・養父市〕）

大杉の万灯は約三十年間中断していましたが、平成八年（一九九六）に復興され、毎年八月二十四日の夜に行われています。直径五センチメートルほどの麻幹の小束を十二束（十二ヵ月を表す。閏年は十三束）作り、これらを竹竿の先端に括り付けたものが松明です。夕方になると地蔵堂に近い村の四っ辻や道路の側面に、各戸が松明を一本ずつ持って集合し、松明に点火します。大正時代には参加者が互いに松明を打ち合わせたと伝承されますが、復興時には松明を道路の柵用に設置された竹竿に、立て掛けるように変化しました。この現象は験競べの行為が省略された結果と思われます。

なお、養父郡養父町（現・養父市）や城崎郡竹野町では、大正時代までは「火事になると地蔵さんに祈れば、火が消える」とされ、とくに竹野町坊岡では火事になったおりは屋根の上に登って、赤い腰巻きを地蔵堂の方に向かって振れば火が消えると信じる人もいたといいます（大森惠子「愛宕信仰と地蔵尊——但馬地方を中心にして」参照）。

このように但馬地方に伝わる愛宕火・万灯・松明行事は「お地蔵さんに火を献じる、愛宕さんに火を献じる」という宗教観念から発生した行事で、その成立過程において修験者の関与があったことから、験競べが付随する火祭りの形態をとるようになったものと考えられます。

考察しましたように、先人たちは神仏習合時代の生活を経て、さまざまな生活文化を後世に生きる私たちに伝えてくれました。現代の生活のなかにも近世期において愛宕大権現の信仰を全国各地に流布するうえで、神宮寺白雲寺やその塔頭に集まる修験者たちによって、火の神である愛宕大権現の信仰と、その本地仏である勝軍地蔵尊の火防せの信仰が流布されていったと推定できます。

図６　「六道絵」（西福寺蔵　室町期作）

なぜ、地蔵尊が火防せの仏に成りうるのかというと、死後に亡者たちが火炎地獄に落ち、その責め苦に苛まれるとき、彼らを救済する仏が地蔵尊であると、古代・中世・近世を通じて「地獄絵」や「六道絵」などを見せながら、民衆を教化してきた宗教者や勧進聖（かんじんひじり）・遊行聖の関与があったからと考えられます。

まさに、中世・近世においては、愛宕山山頂は死霊が集まる山岳霊場として、愛宕修験者たちが宗教的実践を通して活躍した行場でもあったといえましょう。

参考文献

アンヌ・マリ・ブッシー「愛宕山の山岳信仰」五来重編『山岳宗教史研究叢書十一　近畿霊山と修験道』名著出版、一九七八年
五来重『修験道入門』角川書店、一九八〇年
大森惠子「修験と薬」近畿民俗学会編『近畿民俗』近日刊行予定
大森惠子「伝承のなかの空也（くうや）像——霊験教化譚・踊念仏・大福茶・空也僧」伊藤唯真編『日本の名僧　浄土の聖者空也』吉川弘文館、二〇〇五年
大森惠子「祇園祭と修験」日本風俗史学会中部支部編『風俗と民俗』第十五号、二〇〇五年
大森惠子「愛法神・性愛神と稲荷信仰——特に、女狐と女性・神子を中心にして」日本山岳修験学会編『山岳修験』第二十五号、二〇〇〇年
大森惠子『年中行事と民俗芸能　但馬民俗誌』岩田書院、一九九八年
大森惠子「愛宕信仰と地蔵尊——但馬地方を中心にして」大森『年中行事と民俗芸能』所収
大森惠子『稲荷信仰と宗教民俗』岩田書院、一九九四年
大森惠子「光源神稲荷の信仰諸相と宗教的要因——特に、熊野信仰の影響を中心にして」大森『稲荷信仰と宗教民俗』

所収
喜多流謡本『愛宕空也』一九二一年
「空也上人絵詞伝」巻之下、佛教大学民間念仏研究会編『民間念仏信仰の研究』隆文館、一九六六年
仲井幸二郎・西角井正大・三隅治雄編『芸能辞典』東京堂出版、一九八一年
『日本名著全集　謡曲三百五十番集』日本名著全集刊行会、一九二八年
『日本名著全集　謡曲三百五十番集』二百二十九番、日本名著全集刊行会、一九二八年
八木透・原島知子「東北の愛宕信仰――片倉家関連資料調査報告」『佛教大学アジア宗教文化情報研究所研究紀要』創刊号、二〇〇五年
早稲田大学坪内博士記念演劇博物館編『演劇百科大辞典』第一巻、平凡社、一九九〇年

表1　但馬地方の愛宕火・万灯一覧表

名称	分布地	月日	行事内容・伝承など	松明			
				材料	数量	形態	動作
万灯 愛宕さんの火	城崎郡竹野町二連原（現・豊岡市）	八月二十四日の夕方	地蔵堂の前で松明に点火し、村の下の堤防まで火のついた松明を持って行き、その場所で燃やす。麻幹を十二本たばねて一束にして、これを十二束作り、さらに十二束を竹竿の先端につけて松明を作った。	麻幹・藁	十二束を一本に	竹竿型	直立型
万灯 お地蔵さんの火	城崎郡竹野町大森	八月二十四日の夜	松明は一軒に一本の割りで作られた。大正時代までは、松明を持って氏神の境内まで登り、鳥居の所で燃やした。	麻幹		竹竿型	直立型

万灯	城崎郡竹野町防岡	八月二十四日の夕方	村の前方の川原に松明を持って行き、松明を川原に刺して燃やす。昭和五十年ころまでは万灯の後で、その年の八月当番の家（愛宕講の宿）に集まり、「お茶飲み会」と称して当番の家が振る舞うお茶とお菓子を食べながら雑談した。	松の割り木・麻幹	十二束を一本に	竹竿型	直立型
愛宕さんのお灯明	城崎郡竹野町林	八月二十四日の夕方	「愛宕さんに火をしんじょう」といって松明を燃やす行事があり、「万灯」「愛宕さんの火」とよぶ。毎月、愛宕さんにお灯明を献じるという意味で、十二束の麻幹を竹に括りつけて松明を作る。	麻幹・杉	十二束	竹竿型	直立型
愛宕さんの火	城崎郡竹野町下塚	八月二十四日の夕方	松明を川原に面した堤防の上に立てる。一軒に一本の割りで松明を用意する。松明の作り方は、若竹を一本切ってきて、一年は十二ヵ月ということから、竹の小枝を十二本残す。閏年は十三本残す。以前は、三十センチくらいの松の割り木を十二本（閏年は十三本）をひとつに束ねて、若竹の先端に取り付けた。	松の割り木・麻幹	十二本・十二束	竹竿型	直立型・打ち合い型・火振り型
ドンド	城崎郡香住町香住	地蔵盆	松明に点火し海岸の砂に立てた。	麦藁		竹竿型	直立型
愛宕祭り	美方郡浜坂町浜坂	旧六月二十四日の夕方	農家の子どもが中心になって、松明をともして愛宕山上の愛宕神社に参詣した。「アータゴハンノヒューウ　ドンドン」と囃しながら松明を燃やした。			竹竿型	直立型
万灯	美方郡浜坂町指杭	旧六月二十四日の夜	松明に火をつけ、子どもたちが薬師堂の松の下に集まった。	麦藁		竹竿型	直立型
愛宕火	朝来郡和田山町宮田（現・朝来市）	地蔵盆の夜	松明に点火し、路傍に立てて般若心経を唱えて拝む。焼け残りを集め、柄にしていた竹を焼いて強く地面に打ちつけると大きい爆音がするから、その音で産	松の割り木		竹竿型	直立型

			まれ出る子の性別を判断した。				
万灯	出石郡但東町畑（現・豊岡市）	八月二十三日の夜	松明に火をつけて愛宕神社の前に立て、その夜はお籠もりをした。大正末でこの行事は廃絶。	麻幹		竹竿型	直立型
仏さん送り 愛宕さんの火	養父郡養父町奥米地（現・養父市）	八月二十三日の夕方（地蔵盆）	松明を川の土手に立て、「仏さんを送る」といって松明に火をつけて燃やした。その後で、各戸が二、三本の割りで薪を持って、地蔵堂の前に集合し焚火をした。村人は焚火を拝むと京都の愛宕さんを拝んだことになるといって、一心に焚火に向かって合掌した。頭痛が治るようにと巨火に向かって願った。昭和二十年ころに廃絶。	麦藁	一束	竹竿型 巨火型	直立型
愛宕さんの火	養父郡養父町中米地	八月二十三日の夜	大正十四、五年ころまでは、地蔵盆に松明を作り、川の側に立てて燃やした。愛宕火を焚くと「盆を送った」といった。	麦藁	一束	竹竿型	直立型
万灯松明	養父郡養父町石ヶ坪	八月二十四日の夕方	松明を十七本作って、村人は地蔵堂に持ち寄ることになっている。地蔵堂で念仏を唱えた後、堂の前の河辺に松明を立てて燃やす。以前は山裾の栗林の所で松明に火をつけて燃やした。	藁	一束	竹竿型	直立型
愛宕さんの火	養父郡養父町建屋正町	七月二十四日の夜	終戦までは、一軒が一本の割りで松明を作り、川の土手で松明に点火した。	麦藁	一束	竹竿型	直立型
松明	養父郡養父町建屋	八月二十三日の夕方	大正時代まで、一軒が二、三本の松明を持って川の土手に集まり、点火した	松の根元		竹竿型	直立型
愛宕さんの火	養父郡養父町浅野	八月二十四日の夕方	大正末から昭和の初期ころにかけて、松明を大屋川の川辺に持ち寄って、土手で点火して燃やした。燃え残りの松明は、大屋川に流した。	麦藁	一束	竹竿型	直立型

愛宕火	養父郡養父町伊豆	八月二十四日の夜	昭和二十三年ころまでは、松明を持って川の土手に行き点火した。焼け残った松明は、土手に刺しておいた。昼間に地蔵堂で四十八夜念仏が修せられ、その後で青年たちは村の家々を巡って、灯明の油を買うお金を集めた。このお金で菜種油を買って、灯明を地蔵尊に供えた。八月二十四日を「送り盆」ともよんだ。	麦藁	一束	竹竿型	直立型
万灯	養父郡養父町左近山	地蔵盆の夜	麦藁を竹に刺したものを「松明」とよんだ。松明を川辺で燃やした。	麦藁	一束	竹竿型	直立型
松明 万灯	養父郡養父町十二所	八月二十三日の夜	昭和三十年ころまでは地蔵盆に、戸主が一軒に一本の割りで松明を作った。「こえ松」を芯にしてその周りを藁でまき、これを青竹の先につけて松明にした。地蔵堂の前に松明を多数立て並べて「南無阿弥陀仏　南無阿弥陀仏」と唱えながら点火。燃え残った松明は、山から採ってきた花々と一緒に川へ流した。	こえ松・麦藁		竹竿型	直立型
千灯 万灯	城崎郡竹野町下村	八月二十四日の夜	大正七年ころまで「千灯　万灯」と叫びながら青年たちは橋の上で火のついた松明を上下に勢いよく振り、火が燃えるのを競った。この行事が終わると「地蔵さんを送った」と言った。	麻幹	一束	竹竿型	火振り型
万灯 地蔵さんの送り火	城崎郡竹野町銅山	八月二十四日の夜	戦前までは、最後の松明一本を残してその灰を持ち帰り、腹痛のときに飲むとすぐ治るといった。「万灯」「愛宕さんの火」ともよばれる。人々は松明を持って地蔵堂の前に集まり、松明に点火する。堂の前の川辺まで移動して、土中に松明を刺し、竹竿の中央を持って松明を円形に振り回す。勢いよく松明が燃えた家は、その年は豊作になるとされる。	麻幹	十二束	竹竿型	火振り型

愛宕さんの火	城崎郡竹野町小城	八月二十四日の夜	松明の根本を地面に刺して点火し、松明の根本を三人で持って固定し、他の一人が竹の中央部を持って、円形に松明を振り回した。松明が勢いよく燃えると、その年は豊作であるといって、松明を競って振り回したと伝えられる。	麻こえ松・麻幹	十二束	竹竿型	火振り型
万灯	城崎郡竹野町三原	八月二十三日の夜	地蔵尊に花や団子を供えた後で、松明に火をつけて振り回した。松明の数は多いほど良いとされ、松明を振るときは「まんどうや　まんどうや」と叫んだ。子どもや青年たちが、互いの松明を叩き合った。戦前まで分布。	麻幹	十二束	竹竿型	火振り型・打ち合い型
万灯愛宕さん送り	城崎郡竹野町門谷	八月十六日の夕方	「万灯をともす」といって、松明を橋の上で燃やす。松明を振り回して豊凶を占う。	麻幹	十二束	竹竿型	火振り型
地蔵盆送り	城崎郡竹野町御又	八月二十四日の夜	橋の上で松明を振り回しながら燃やす。	麻幹		竹竿型	火振り型
火振り愛宕さんの火	城崎郡竹野町森本	八月二十四日の夜	昭和五十六年までは、松明に火をつけて振り回した。火が吹いたように燃えた。	松の割り木・麻幹	十二束	竹竿型	火振り型
万灯	城崎郡竹野町市場	八月二十四日の夜	各戸が一本の割りで、松明を持参する。氏神の灯明から火を移した種火を、さらに一本の松明に点火して、それぞれの松明に火を移してゆく。愛宕講の責任者が中心になって、橋の上で松明に点火し振り回す。勢いよく松明が燃えると、その年は豊作であると言って、松明を競って振り回したという。	松木・麻幹	十二束を一束	竹竿型	火振り型
万灯	城崎郡竹野町苗原	八月二十四日の夕方	昭和四十年ころまでは屋根葺きに使用した麻幹をとっておき、地蔵盆に麻幹を十二束作って、竹の先に括り付けて松明を作った。現行。	割り木・麻幹	一束・十二束	竹竿型	火振り型

万灯 愛宕火 火祭り	城崎郡香住町三谷（現・香美町）	七月二十四日の夜	中断後、昭和五十九年に復活。百六十本の松明に点火。松明を川原に立てて二人で固定し、一人が松明の竹の部分を持って、円形になるように振り回す。誰よりも豪快に松明を回すことができれば、その年は豊作で病気をしない。最後は、焚き火を高く舞い上がらせる「大火柱」となる。	麦藁	大束	竹竿型・柱松型・巨火型	火振り型
愛宕火	城崎郡日高町依田（現・豊岡市）	八月二十四日の夜	戦前までは、「愛宕さんに火をあげた、愛宕さんに火をあげた」と叫びながら、松明を振り回した。	麦藁	一束	竹竿型	火振り型
愛宕火	城崎郡日高町依田	八月二十四日の夜	戦前まで行われていた。	麦藁	一束	竹竿型	火振り型
万灯	城崎郡日高町西木	八月二十四日の夜	昭和三十年ころまでは、直径三十五センチくらいある大きな松明を「親松明」と、小さなものを「小松明」とよんだ。百十二本ほどの松明が田の中の小道の両側に立てられた。	麻幹	十二束	竹竿型	火振り型
愛宕火	豊岡市日撫	八月二十三日の夜	愛宕山の方向に向かって、川の土手で松明の火を振り回した。	麻幹		竹竿型	火振り型
愛宕火	朝来郡生野町黒川地区本村・大外（現・朝来市）	旧七月二十四日	「愛宕さんの日」になると松明を作り、村はずれの小高い山の頂上に集まって松明を燃やした。「巨火たき」といって大火を焚くが、この火の勢いが衰えるころ、子どもたちは用意した松明に火をつけ、火が消えないように振りながら走って帰った。	麻幹	十二束	竹竿型・巨火型	火振り型
万灯送り	城崎郡竹野町川南谷	八月二十三日の夜	地蔵盆の行事として、松明に火をつけて互いに叩き合った。大正末まで、この行事があった。	藁・麻幹		竹竿型	打ち合い型
万灯さん	城崎郡竹野町床瀬	八月二十三日の夜	昭和十年ころまで、松明に火をつけて燃やす行事があった。松明を打ち合っても火が消えない年は、豊	麻幹	十二束	竹竿型	打ち合い型

			作になるといった。				
松明祭り 万灯	朝来郡和田山町竹田	七月二十三日の夜	近年復興。一地区が一本の割りで大松明を（直径八十センチ、高さ約七メートル）を作り、三本の大松明が河原に立てられる。大松明は「柱松」とよばれる松明と同一形態のもので、大松明の燃え具合で豊凶を占う。「万灯」ともよばれる。	薪	三本	松柱型	直立型
万灯さん	養父郡関宮町三宅（現・養父市）	八月二十四日の夜	地蔵盆を送る行事として明治初頭に始められたが、昭和三十二年ころ中断され、昭和五十五年ころ復興。行事内容は、中断前とほぼ同じである。火防せと無病息災を願う。	麦藁・藁		蝋燭型・手縄型	直立型・火振り型
盆火	朝来郡生野町上生野	地蔵盆の夜	「盆火」ともよばれたが、すでに廃絶した行事である。麻幹を束ねて竹竿の先端に刺した松明を、六地蔵のそばの榁や楓の木の上に投げ上げて、火が止まるかどうかを競うものであった。盆火は手松明型と火揚げ型に分類できる。	麻幹		手松明型	火揚げ型
火祭り 愛宕火	出石郡出石町中村	八月二十一日（以前は八月二十三日）の夜	江戸時代から伝わる愛宕火が、愛宕神社境内で行われる。家内安全や健康、火防せなどを祈願。愛宕神社拝殿の火起こし器から採火して種火とする。種火を松明に移し、さらに手松明に着火する。荒縄の端を持って燃えさかる藁束を頭上で振り回し、その技を競う。	麦藁		手縄型・文字型	火振り型
火祭り 愛宕火	美方郡温泉町湯	八月二十四日（以前は八月二十三日）の夜	現行の火祭りは一時中断していたものを昭和四十六年に復興。この時から藁人形が登場。第二次世界大戦までは、竹籠の中に麻幹と芥を一緒に詰めて、この籠に約一メートルの藁縄を括り付けた。これに点火して、籠に結びつけた縄の先を手に持って、頭上	麻幹		手縄型・人形型	火振り型

愛宕火 万灯	城崎郡日高町広井	地蔵盆の夜	高く振り回したと伝えられる。「愛宕火」とよばれ、松明の燃え具合でその年の豊凶を占ったという。愛宕火の本来の形態は、火振り型・手縄型に分類できる。ところが、昭和四十六年に復興されたおりに、麻幹を詰めた籠の代わりに青竹の松明を使用するようになり、二体の藁人形まで登場するようになったと伝承される。「親針金」とよぶ針金に、松明をさげた。灯明を「子」という。この行事を「愛宕さんにあげる万灯」とか、「虫送り」ともいった。	麻幹・麩		釣り万灯型	釣り火型
万灯 仏さん送り	養父郡養父町新津	八月二十四日の夜	昭和三十年ころまでは、盆が終わるとただちに子どもたちが村中の家々をめぐって麦藁を一束ずつ集めて、藁舟を作った。廃絶後に復興され、現行の行事である。夕方になると、地区の道場（現在は仏教会館）に地区の人々が集合し、念仏を唱えた後で盆の供物を積んだ万灯舟を見送ることになっている。青年たちが藁舟を担いで川に入り、淵にこの舟を浮かべて点火する。若者たちは、燃え上がる藁舟に乗って舵をとり、地区外の橋の所まで流して行く。この万灯行事を「仏さん送り」ともいう。	麦藁		藁舟型	
万灯	城崎郡香住町矢田	八月二十四日の夜	昭和四十年ころまで、若者達が中心になって麦藁舟（長さ二〜三メートル）を作り、海に浮かべて点火した。	麦藁		藁舟型・文字型	

第五章　丹波地域の松明行事と愛宕信仰

向田明弘

◉はじめに

八月、先祖を迎えてまつる盆には、火にまつわる行事が多く行われます。なかでも、大文字をはじめとする京都五山の送り火は万灯籠（まんとうろう）から展開したもので、都人に夏の終わりを告げる京都の風物詩です。

万灯籠の起源は明らかではありませんが、十六世紀後半ごろに始まったと考えられ、かつては北山から丹波にかけて広く行われていました。万灯籠あるいは万灯とは、たくさんの明かり、つまり灯火を神や仏、先祖などにささげて供養するという意味で、大寺院の万灯会（まんとうえ）から習俗化した行事までさまざまですが、普通は数多くの火を灯したり、大きな火を焚く行事をいいます。北山から丹波、そして丹後や若狭方面に広く分布している万灯籠は、今も行われる京都市左京区広河原（ひろがわら）や美山町（現・南丹市美山町）芦生（あしう）などのマツアゲ（松上げ）、舞鶴市東吉原のマンドロ（万灯籠）、久美浜町（現・京丹後市久美浜町）河梨（こうなし）のマンドウ（万灯）に代表されるように、その多くは愛宕信仰と習合した火祭りとして行われてきました。

ここでは、京都府のほぼ中央部、丹波高原に位置する地域で盆月に現在も行われている愛宕信仰が習合した火祭りを中心に、愛宕にまつわるさまざまな行事や伝承を紹介して、その多様な愛宕信仰の諸相を探ってみたいと思います。

◉松明行事の諸相

牧山の松明行事

まず、昭和六十二年（一九八七）に京都府登録無形民俗文化財となった船井(ふない)郡日吉町（現・南丹市日吉町）中世木(なかせき)の牧山地区に伝わる松明行事を見ていきましょう。

平成十年（一九九八）、桂川上流に日吉ダムが完成しました。建設計画が持ち上がってから、じつに三十六年の歳月をかけて誕生したこのダムは、四季折々の豊かな自然に囲まれ、近年、多くの人びとを誘っています。

そのダムから府道中地日吉線を中世木へ車でおよそ十分、上谷停留所から脇道に入り、さらに峠を越えると、静かな山間にたたずむ牧山の集落が現れます。牧山は現在、戸数わずか十三戸。いつの時代から行われるようになったか定かではありませんが、毎年八月二十四日の夜に普門院(ふもんいん)観音堂前の広場で松明行事が行われています。

準備は、およそ一ヶ月前から始まります。毎年、村人が交替で地区で管理している山に入り、松明に用いる松を切り出す作業を行います。

松明は、大松明（おおたいまつ）、添松明（そえたいまつ）、小松明（こたいまつ）の三種類がありますが、切り出すのは大松明と添松明に用いるものです。

山で根元から切り倒した松は、まず大松明用と添松明用に切り分けます。大松明は長さ二尺七寸、添松明は二尺五寸と定められています。次に、山から切り出した原木を割木にします。乾燥しやすく、燃えやすい、適度な太さまで割っていきます。

割木は直径およそ五十センチの大松明用三束と、同じく添松明用三束分を準備します。切り倒したばかりの生の松を割木にしていくため、かなりの労力となります。古くは松根を用いていたそうで、先人たちの行事に臨む苦労と心意気が感じられる作業です。できた割木は松明行事が行われる普門院観音堂前の広場に運び、およそ一ヶ月後の当日まで井桁に組み上げて乾燥させます。

普門院は、現在三十三年に一度しか開扉されることがない聖観世音菩薩を本尊とする高野山真言宗の寺院ですが、その歴史については明らかではありません。

祭日が近づくと、各家で小松明と点火用の松明を作ります。小松明は、それぞれ家で用意した松の原木を長さ八寸、およそ二十三センチで細かく割り、直径三・五センチほどの束にして、わらで二段くくりにします。この松明を全部で十二個（閏年は十三個）作り、一束にして樒をつけたら完成です。松明ができると、これを差す竹を用意します。竹は、六段十二本の枝を残した二メートルほどのもので、毎年山から切り出してきます。点火用の松明も小松明と同じ長さで細かく割り、直径は十〜十二センチを一束にして、縄で三段に結束します。点火用の松明は、本尊前に供えられた種火を、観音堂前の広場に設置された大松明、添松明、小松明に点火するためにもらい受けるもので、吉田姓と中川姓の「カブ（株）」とよばれる同族集団の本家にあたるカブガシラ（株頭）だけが作ります。現在は、西牧山の吉田カブの本家と東牧山の吉田カブの本家、そして中川カブの本家の合計三軒が作っています。こちらも樒を挿し込むと完成です。

八月二十四日朝、普門院に檀家十三軒の戸主が集まり、松明行事の準備に取りかかります。大松明は松の割木を「ネソ」とよぶマンサクの一種で結束しますが、現在、そのネソを見つけることが容易ではありません。したがって、針金で結束しています。また古来、大松明は前述した三つのカブの本家が献じるものであり、添松明は分家が献じるものですが、今では地区総がかりで準備するようになりました。

小松明は今でも本家以外の各家がそれぞれで作り、持ち寄って立てていきます。

一ヶ月前から乾燥させておいた割木で、大松明と添松明を作っていきます。針金で直径およそ五十センチの束に結束していきます。大松明の結束は五段、添松明は三段で、それぞれの結び目を中央にします。大松明、添松明とも三個作られます。

形を整えながら、さらに割木を差し込んで、固い束にしていきます。

大松明は、まず「ニケン（二間）モン」とよぶ、およそ四メートルの木柱の先端を松明が差し込みやすいように削り、カケヤを用いて大松明用の束の中に打ち込みます。そして、三本を扇型に広げ、根元をひとつに結びます。扇型の上部は一本の真竹を折り曲げて、三本の柱を連結し、藁縄で結んで固定します。最後に、みんなで力を合わせて起こし、支柱にしっかり固定します。扇の先端となる松割木に樒を挿したら完成です。

松割木を束ねただけの添松明を定位置に設置すれば松明行事の準備は完了となりますが、添松明はカブガシラであるカブの本家が不幸事で大松明を上げられないときに、カブとして上げるために献じるものといわれています。この松明行事は、服忌者の参加を拒む伝承が今も生きています。

昼過ぎから夕方までは、普門院観音堂において施餓鬼（せがき）と護摩供養が営まれます。日吉町殿田にある成就院の住職が来院し、檀家は正装して居並びます。この間に二名の役員が村の入り口にある石造の不動にお参りします。昭和三〇年代までは二十四日に松明行事、二十五日に施餓鬼と護摩供養が行われていました。

日が沈み、山里に心地よい涼しさが訪れた午後八時ごろ、近在や里帰りした人びとが浴衣姿で村人とともに三々五々普門院に集まってきました。いよいよ松明行事の始まりです。まず、観音堂において、地区の人びとによる念仏が唱えられます。

写真１　点火された大松明

その後、三人のカブガシラが本尊の前に進み、お供えしている点火用の松明に、灯明の火をうつします。そして、その種火を、観音堂前の広場で大松明、添松明の点火用松明と小松明に分けます。広場では、それぞれの点火用松明や小松明を持ってカブガシラ以外の家の戸主が待っており、それぞれカブの本家から分家へと灯明の火が分けられます。灯明の火を分けると、手分けして添松明と小松明に点火し、最後に村人の一人が大松明によ

写真2　添松明

写真3　小松明

じ登り点火します。大松明がよく燃える年は豊作になるといわれており、一同祈るように大松明を見つめます。村人の期待を一身に集めた大松明が、暗い夜空をあかあかと焦がし続けます。

すべての松明が燃えさかると、参加者はお千度詣を始めます。宮世話の役の人から竹の割り札をもらい、それぞれの願いを込めて大山祇（おおやまずみ）神社から観音堂前を通り、太子堂前を折り返します。

大松明に点火してからおよそ半時間すると、松明を倒します。

松明が倒されると同時に、盆踊りが始まります。広場の中央に切子灯籠を掲げ、その下で輪になって踊ります。踊りは浄瑠璃（じょうるり）くずしの丹波音頭です。饗が高まると唄い手が即興で唱の文句を作り、盛り上げます。夜も更けた牧山の里に歌は尽きることなく、こだまします。

大唐内の松明行事

愛宕信仰との関わりを如実に物語る松明行事が綾部市老富町の大唐内区で今も行われています。現在、戸数わずか十六戸のこの地区は、国道二十七号線から山家の交差点を西に車で走ることおよそ三十分、峠を越えた次の集落は福井県という府県境に位置する山間の村です。松明行事は、村の中心に位置する徳雲寺の脇にある薬師堂前の広場で毎年八月二十四日に行われます。

当日、午後一時半ごろ、村中の男たちが薬師堂前の広場に集まってきました。コエマツや竹を用意したアタゴセンダチ（愛宕先達）を中心に、総出で大松明の準備に取り掛かります。松明の準備に先立って、アタゴセンダチや村の役員たちは村の入り口に位置する山の頂に祀られている愛宕神社に参り、境内に立ててあった二本の幟を下ろしてきます。昔は、愛宕神社で幟に使っていた棹の一本を山から下ろして薬師堂前に持って行き、これから作る大松明の柱に用いていたといいます。また、今でこそ村中総出で大松明を作りますが、その昔はアタゴセンダチが一人で作っていました。

大松明の製作には、コエマツを細かく割り木にするところから始まります。今年用いるコエマツは五〜六年ほど前に採集しておいたアカマツの根で、長さ約二十五センチにして細かく割ります。そして、割り木を集めて直径十センチほどになるよう針金で二ヶ所を結束します。これを五つ作ります。現在、針金を割り木の結束に用いていますが、昔は藁縄やネソと呼ばれるマンサクという樹種を使っていたのではないかということを聞きましたが、確かなことはわかりません。

次に、大松明の柱部分の組み立てに取り掛かります。柱の上部は、竹を扇状に組んで針金で結束します。

竹は四メートルほどのもの一本と二メートルほどのもの五本の計六本を山から切り出して用意し、すべての枝を払っておきます。一番長い竹を中心に、まず二本を扇状になるように一ヶ所で結束、さらにもう二本を先ほどの結束部より上でクロスするようにして三ヶ所を結束します。ちょうどヤツデのように柄が長く、手のひらのような扇型になります。柱の下部には、五メートルほどの棹を結び、点火後すぐに起こして杭にくくり付けられるよう大松明の柱や杭に藁縄を絡ませておきます。そして、最後にそれぞれの先端に先ほどコエマツで作った割り木の束を差し込んでできあがりです。大松明は全長七メートル七十センチほどで、地上約五メートルの位置から扇状に広がる先端に五つの明かりが灯ります。

夕刻、村人たちがそれぞれ家で作ってきた松明を持って薬師堂に集まってきました。この松明行事は、昔から「イチノクラガリ」つまり陽が山影に傾いて、あたりが薄暗がりになったころから始めることになっています。近年は、午後六時半をまわったころから薬師堂に向かいます。個々が持参した松明は、上から枝を三本残しておいた長さ三メートルほどの竹に、コエマツの割り木を針金で結束したものをその先端に差し込んだもので、昔はこれを二本作りました。一本は薬師堂へ、もう一本は家の前の川縁に立てて薬師堂へ向かうときに火を

写真４　大唐内の松明行事

灯します。

　午後七時、薬師堂に村人が集まると、導師をつとめるアタゴセンダチに続いて摩訶般若波羅蜜多経心経をみんなで唱えます。その後、アタゴセンダチが本尊の前に進み、準備しておいた長さ一メートルほどの松明にお灯明から火を移します。そして、そのまま薬師堂を出て堂前の広場に行き、日中村人総出で作った大松明に点火します。扇状の大松明の五ケ所に点火されると、それをみんなで立てて藁縄で支柱にくくります。やがて、個々で持参した小松明も点火して、広場の脇に設けられた所定の位置に立てます。また、大松明の五つの火はそれぞれ早稲や中稲、晩稲などに見立てられ、昔は早く燃え落ちるとその品種が豊作になるなどといわれるなど、松明の燃え方で稲作の豊凶を占ったといいます。

　点火の後、村人による笛と太鼓の演奏が奉納されます。点火した大松明がある程度燃え尽きるのを見届けると、村人たちは薬師堂に集まってアタゴセンダチがふるまう御神酒をいただきます。そして、歓談しながら、夜が更けていきました。

胡麻の松明行事

　こうした大型の松明をともなう火祭りや、次に紹介するような人の身長ほどの松明だけで行う火祭りもあります。では、船井郡日吉町の胡麻地域で行われている松明行事を見ていきましょう。

　日吉町西胡麻の新町では、現在八月二十三日にいちばん近い日曜日（かつては八月二十三日）に愛宕神社で松明行事を行っています。午後五時ごろ、各自家で作った松明を持ち寄って男たちが愛宕神社に集まってきます。愛宕神社は、西胡麻の新町から見て北西の位置に日吉町畑郷（はたごう）という集落がありますが、その集落へ抜ける街道のちょうど入口にあたる場所にあるこんもりと小高い山の中腹に祀られています。しかし、新町の氏神ではなく、あくまでも地区内に点在する小祠のひとつです。また、松明は三メートルほどある破竹の先端に、直径が二十センチほどになるよう松割り木を針金で固定したものですが、昔は真竹の先端にコエマツを乾燥させて割り木にしたものを、藤で固定していました。

さて、松明片手に愛宕神社が祀られている山を上がると、祠の脇に「ウマ」とよばれる木で組んだ三角状の台が設けられています。これは、地区の神社係が事前に準備をしておいたものです。祠に参った後、各自で種火から松明に火をつけてウマに立て掛けます。そして、お神酒をよばれながら松明の炎が燃え尽きるまで見届けます。

写真５　新町の松明行事

西胡麻の新町では、この松明行事に先立って愛宕神社への代参を行っています。毎年、四月二十四日（現在はゴールデンウイーク直前の日曜日）に地区総出で「溝さらえ」が行われますが、代参に行く二人は溝さらえが免除されました。代参は家並みの順番で、地区の東西から一名ずつ合わせて二名で行きますが、一年以内に不幸事があったらその家を飛ばして次の家が行くことになっています。代参した者は、地区の戸数分のお札と樒を受けて帰ってくるのですが、数年前までは帰ってくると会議所で上座を用意され、その労をねぎらう酒宴が行われました。これを「マチウケ」といいました。お札と樒はそれぞれ家々に配られ、オクドサンの近くに貼りました。

また、祭日の午前八時から神社に集まって境内の清掃が行われます。清掃は、新町の東地区と西地区が毎年交替で行っていて、鳥居から祠までの参道を清掃する方法に特徴があります。東地区は参道の両端から中央に向かって掃き清めるのに対して、西地区は中央から両端に向かって掃き清めます。そのため、東地区が行うと参道の中央に一筋のラインが祠に向かって一直線にできます。また、西地区が行うとそれがなく、参道の両端に砂や枯葉が寄せられます。よって、今年はどこの地区が当番であったか、一目でわかることになります。

さて、愛宕神社で松明行事が行われているころ、各家では松明を持って神社に行かない家族が、家の前や軒先などで「ムカエタイマツ（迎え松明）」とよばれる松明に点火します。五穀豊穣と虫除けのために行うのだといいますが、これは盆の送り火であった「オクリタイマツ（送り松明）」が、いつしかムカエタイマツとよばれるようになったと考えられます。

胡麻地域では、他に東胡麻でも松明行事が現在も行われています。東胡麻の松明行事は、八月の盆過ぎの日曜日に、地区に五つある愛宕講の講員によって行われます。行事の内容は次のとおりです。

当日、五つある講からそれぞれ選出された五名の代参者が、朝から揃って愛宕に参拝するところから始まります。代参者は、それぞれ講員分のお札と樒を受けて帰ります。彼らの帰りを待って、それ以外の講員たちが各自家で用意した松明を持って集会所に集まってきます。松明は、二メートルほどの竹の先端に松の割り木を結束したもので、各自一本ずつ作ります。集会所では、代参者が愛宕参拝の報告をすると、受けてきたお札と樒を祭壇に置き、講員が居並ぶなか当番神主による祝詞奏上が行われます。その後、集会所を出て、各自用意した松明を掲げながら、近くを流れる胡麻川に向かって歩いていきます。胡麻川の堤に到着すると、各自持ってきた松明に火をつけ、点火した松明から川沿いに立てていきます。とくに立てる順番や立てる場所など決まっておらず、点火した順に次々と立てていきます。火をつけた松明を川沿いに一列になるよう立てていきます。各自松明を立て終えると、集会所に戻って代参者を囲んで慰労する直会（なおらえ）を行い、三々五々解散となります。点火された松明は、当番が燃え尽きるのを見届けてから後始末をしておきます。

胡麻地域で行われている二つの松明行事ですが、松明の形状は新町と東胡麻、ともに非常に似ているのですが、立てる場所と立て方が異なります。新町は愛宕山とよぶ小高い山の中腹で、ウマとよぶ木組みに立て掛けるようにしておくのに対して、東胡麻は胡麻川の川沿いに、一列になるよう立てます。しかし、その場所をよく観察すると、新町の愛宕山は隣の畑郷との境界にあり、東胡麻の胡麻川も隣の上胡麻との境界を流れています。つまり、どちらの松明行事も村境で行われているということがわかります。

松明行事にみる愛宕信仰

以上、少し長くなりましたが、ここで愛宕信仰との関わりを整理してみましょう。

まず、大松明の形状についてです。牧山の大松明は、四メートルほどの三本の松明を、扇型になるよう根元をひとつに結び、上部は広がった状態で真竹を折り曲げてわら縄で固定します。一方、大唐内の大松明は地上約五メートルの位置から上部に向かって扇状に広がるよう竹を組み合わせて針金で結束しています。この扇型に仕立てるさまは、京都市左京区岩倉や滋賀県彦根市などで見られる、お札を入れる箱に取り付けられた御幣などの形状と類似します。岩倉では、一月十二日に行われる愛宕講でカンダナとよばれる木造の神棚に注連縄を張る行事が行われますが、愛宕のお札が納められる神棚の上部には扇形の形状をした棒があります。彦根のある家の屋根には、お札を入れる箱が取り付けられていまして、やはりその箱の上部を見ると放射線状に三本の御幣があります。このような例は、縷々あるかと思いますが、牧山や大唐内のそれは松明として巨大化したもので、送り火とあいまって風流（ふりゅう）化したものと考えられます。

次に、各松明に樒を取り付ける点です。樒は、参詣者がお札とともに必ずもらい受けて帰る愛宕参詣には欠かせないもので、愛宕山麓に位置する集落のひとつである水尾（みずお）の人びとが参道の途中にある花売り場で販売してきました。江戸時代のころは、この樒を水尾の他に樒原（しきみがはら）や越畑（こしはた）の人びとも競うように売っていました。そのため、時には決められた場所以外のところ（惣門より境内側や自宅など）で販売したり、禁止された愛宕山の林で立木や下草を採取することがあるなど、取り決めが反古（ほご）にされ争いごとに発展したこともありました。このような事件が起こるくらい、かつては樒が愛宕山麓に住む人びとにとって重要な収入源であると同時に、愛宕を訪れた人びとにとって持ち帰らなければならないお土産だったのです。

写真6
組み上げられた牧山の大松明

洛西の名所を紹介した嘉永（かえい）五年（一八五二）に刊行された『洛西嵯峨名所案内記』には、「土人花うり場といふ古来樒を此山の神符とし、火災を除く。水尾村の女毎月此所に出て売る。参詣の人是をもとめ土産とす」と記されています。樒売りが水尾の女性の仕事として定着している様子がうかがえるとともに、樒が愛宕の神符として火除けの性格を持つと記されていることは樒と愛宕信仰との関わりを考えていくなかで見落とせない内容でしょう。

では、持ち帰った樒はどうしたのでしょうか。船井郡日吉町中(なか)にあった吉田家の事例を紹介しましょう。日吉町中という集落は、日吉ダムの建設にともない昭和六十年代にすべての家が移転して現在はありませんが、かつては三十戸、九十五人が住む在所でした。この集落では愛宕講に全戸が加入していて、毎年四月二十四日に「総参り」していました。総参りというのは全員で愛宕に参るということですが、その際お札と樒を受けて帰ってきました。そして、お札はカマドの近くの柱に貼り、樒をカマドの近くに吊るしておいて、火を焚くたびにその葉っぱを一枚ずつ燃やしていました。つまり、愛宕さんから受けてきた樒を、毎朝カマドにくべて火難除けにする慣行が行われていたのです。

松明行事との関わりに話をもどしましょう。

胡麻では、松明行事に先立って代参者が愛宕山に参拝してお札とともに樒を持ち帰って村人たちに披露します。一方牧山では、愛宕山に参詣して受けてくるという伝承こそありませんが、大松明から添松明、小松明、そして点火用の松明にいたるまで、松明という松明に樒を挿して飾ります。松明行事を担っている村人たちが愛宕に献じる火の祭りであることを意識しているかしていないかという違いはあるものの、火難から村を守ろうとする愛宕信仰に基づいた村人たちの願いがこの松明行事にはこめられていると考えられます。

このような松明行事はその祭日が盂蘭盆にあたることから、盆の送り火として認識されて行われている例が多くあります。牧山の松明行事もそのような例のひとつで、近隣には「マントウ（万灯）」とよばれ

写真７　中世木中谷のマントウ

る同様の火の行事が行われています。同じ日の午後六時ごろ、中世木の中谷で地区の当番となった二軒の戸主が、念仏寺前の道で二メートルほどの竹の先につけた松明に点火する行事です。盆の送り火として、かつては中世木の上谷と下谷でも同様の行事が行われていたといわれていますが、これも愛宕信仰が習合した火の行事であったと考えられます。

しかし、大唐内や胡麻新町の松明行事のように今も盆の送り火とは分けて行われているところもあり、決して一様ではありません。いずれにしてもさまざまな松明行事がかつては多くの集落で行われていたと思われますが、たくさんの灯火を献じる万灯籠から展開した行事でありました。

松明行事を支える

大唐内の松明行事で、主導的な役割を果たすのがアタゴセンダチ（愛宕先達）です。今でこそ大松明の製作は村人の男衆全員で取り掛かっていますが、かつてはその製作から点火までを一人で担う、まさに愛宕の火を司る司祭者でした。また、毎月村内にある愛宕神社への参詣を欠かさず行うなど、愛宕の奉仕者として普段から村人をリードする役割があります。

この愛宕先達は、その名称や行事その他における役割から、かつては愛宕山との関わりを持つ在村の宗教者であったのではないかと思われます。江戸時代、愛宕山の山麓周辺の村々には愛宕山坊人・愛宕法師・愛宕山家来とよばれる宗教者がいたことがわかっています。彼らは愛宕山の御家人で、その職掌は日々の火の用心に勤め、仏事の勤行に励み、施主や俗家の世話をするなど、村方に居住する半僧半俗の身分で愛宕山と山麓村々をつなぐパイプ役でした。しかし、明治期に入り、神仏分離・廃仏毀釈という憂き目によって彼らの存在が否定されていくと、居住していた村々で俗人として生活するか、あるいは社務家来としての生き方を選択したと考えられています。つまり、大唐内の愛宕先達も彼らと似たような境遇の宗教者で、明治期以降村人としての暮らしを選び、しだいに世俗化していったのではないかと考えています。そして、世代を経るにしたがって村人と同化してしまった結果、村の役職のひとつとして定着していったのでしょう。もちろん、史料などに基づいて推察しているわけではないので即断は許されませんが、愛宕信仰が村々に根づいていったひとつの可能性を指摘しておいて、今後の課題とします。

一方、牧山の松明行事では、口丹波に広くみられる「カブ」とよばれる同族集団がこの行事を支える組織として機能しています。牧山は現在四つのカブ（吉田カブ〔東牧山〕一、吉田カブ〔西牧山〕一、中川カブ一、田中カブ一）が存在し、中でも「カブガシラ」とよばれるカブの本家が重要な役割を果たしています。

口丹波に分布するカブという同族集団は、東北地方などに見られる主従的、上下的な本分家の結合とは異なり、その構成戸間の関係はフラットで、同一の先祖を持つものとして認識されてきました。そして、その実態は本末関係が非常に曖昧で、なおかつ非血縁の家も多く含まれるなど、これまで本家と分家との間に庇護奉仕の関係を持たず、系譜関係が曖昧な集団とされてきました。それは、大野啓の研究から「入り株」や「寄せ株」といった措置によって、カブの構成戸を一定に保つためであったことが指摘されています。そして、昭和三十年代初期に起こった氏神祭祀の再編をきっかけに、「先祖」を創出して集団を束ねる核とし、村落社会をうまく運営する役割を果たしたのではないかという分析が試みられています。では、牧山のカブはどうでしょうか。

まず、扇形に組み立てる大松明ですが、現在でこそ地区のみなが力を合わせて作りますが、かつては三つのカブの本家、つまりカブガシラがそれぞれ一本ずつ作り、それを持ち寄ってひとつの松明に組み立てました。この行事のなかで最も大きく、そしてメインとなる松明はカブの本家が献じていました。次に添松明ですが、大松明を献じる三つのカブの分家が作りました。分家は分家でも本家から最も早く分かれたと伝えられる分家が献じることになっていて、大松明と添松明は毎年準備する家が決まっていたのです。小松明は、大松明を献じる三つのカブの本家を除くすべての家がそれぞれ作ります。

ここで注目したいのは、この行事の最も注目されるメインの松明をカブの本家が献じるということです。つまり、村人の生活に深く浸透しているカブというつながりを再認識させ、そのカブはどの家が本家であるかということを再確認します。また、それをひとつの松明に組み立てるという行為は、三つのカブがひとつになるという村の結束を象徴する意味があると考えていいのではないでしょうか。

しかし、カブの本家が大松明を献じることができない場合がありました。それは、不幸事があったときです。一年以内に本家で不幸事があると、本家に替わって毎年添松明を献じていた分家が作って持ち寄ることになっていて、本家は逆に添松明を献じて行事に参加しました。

もうひとつ、カブというものが象徴的に演じられる行為があります。それは、松明に点火する際に行われる、種火の分配です。松明点火のときをむかえると、三人のカブガシラが堂内の本尊の前に進み、灯明から供えられた点火用の松明に火をうつします。そして、それを堂前の広場に持って出て、待ち構えていたそれぞれの分家にその火を分けます。つまり、本家が灯明をもらい受け、それを分家に分配するという、本家を中心とするカブ内の序列と紐帯を示す表象の場としてとらえることができます。行事を支える組織となる同族集団、つまり「カブ」に注目したとき、この松明行事をカブの祭祀と位置づけることができるでしょう。

◉伝承の諸相

神楽坂(かぐらざか)の由来と愛宕遥拝所

さて、次に松明に関する行事から少し離れて、愛宕にまつわる言い伝えや由来を持っている場所について紹介しましょう。そして、愛宕信仰と火伏せの祈願との関わりについて考えてみたいと思います。

日吉ダムから府道京都日吉美山線を京北町へ向かう途中、日吉町佐々江(ささえ)から美山町原(はら)へ抜けるのに神楽坂トンネルを通過します。このトンネルは平成九年（一九九七）十一月に完成したばかりの新設のトンネルですが、それまではこのトンネルより少し京北町（現・京都市右京区京北）寄りに位置する曲折が甚だしい原峠を利用していました。しかし、徒歩による往来がさかんであったさらに昔は、トンネルのちょうど真上にあたる峠道、つまり神楽坂越えを利用していました。この峠が、原と佐々江を結ぶ最短距離だったのです。

この神楽坂という名前の由来には、愛宕にまつわる次のような話が伝えられています。後土御門天皇の時代だった文明五年（一四七三）のことといいますから、今から五百年以上前のことでした。この年、夏から秋にかけて野々村庄一帯では火災が頻発して、人びとは困難と恐怖に襲われていました。同じ年の九月九日、宮脇（現在の美山町宮脇）の道祖神社で行われた例祭の御湯（湯立て）の儀に際して計らずも次のような御神託がありました。愛宕山をこの野々村庄から拝することができる地点があるので、その拝所を求めて、そこで神楽を奉納して愛宕大明神に祈願すれば必ず火難から免れる、というものでした。

そこで、庄内三十三ヶ村の人びとが集まり、熟議を重ねて拝所を探し求めた結果、ついに原村の南の方角に位置する峰の峠にこれを発見しました。ただちに鳥居と神楽堂を建てて、御神託のとおり神楽を奉納して祈願したところ、たちどころに火難は鎮まったので庄内の人びとは愁眉を開くことができました。

その後、毎年正月、五月そして九月の二十四日には、神楽を奏し、庄内全村より人びとが参拝していましたが、年月を経るにしたがって神楽堂や鳥居は風雪に耐えかねて朽廃していき、やがて神楽の奉納もなおざりになっていきました。そうこうするうちに、庄内に再び火災がしばしば起こるようになったため、原村の人びとが鳥居を寄進すると、以後原村の人びとによって建物の改築や神楽の奉納がなされるようになっていきました。

この言い伝えによると、神楽坂の名前の由来は、火難を鎮めるために道祖神社の御神託によって愛宕山の望むことができる場所に神楽堂を建て、神楽を奉納したことによるもので、それは文明五年のことでした。なぜ文明五年という年だったのかという素朴な疑問も残りますが、それよりも室町時代の中ごろにはすでに当地において愛宕に対する火伏せの信仰があったと考えられる点で興味深い伝承であるといえます。

愛宕山は、今でこそ火伏せの神として西日本を中心に広い範囲で人びとの信仰を集めていますが、少なくとも戦国期のころまではその本尊である勝軍地蔵（しょうぐん）にちなんで、軍神として多くの武将の崇敬を集めたといわれています。剣を手に甲冑を身にまとい、馬にまたがるその勇ましい姿から、軍神としての崇拝は近畿地方にとどまらず、遠く東北地方の武将にまで及んでいたことがわかっています。本能寺の変の数日前、あの明智光秀（あけちみつひで）が愛宕山に登って武運を祈ったという話は有名です。

これまで愛宕に対する火伏せの信仰は、社寺参詣がさかんになり、愛宕山にも多くの庶民が参拝するようになった江戸時代以降と考えられてきました。しかし、庶民の愛宕への信仰そのものは、五来重が指摘するように中世以降、修験者の手によって少なくとも京都周辺に広がりを見せていました。そして、その信仰のなかには火難除けの要素も多分にあったとしても不思議ではないでしょう。そして、江戸時代に入り、庶民の愛宕詣がさかんになるにつれて愛宕に対する信仰が爆発的な広がりを見せた結果、愛宕＝火伏せという図式が定着していったと思われます。庶民の愛宕に対する火伏せの信仰は、修験者によってもたらされた中世のころから潜在的に広がっており、神楽坂に愛宕の遥拝所が作られた伝承もこうした時代背景を反映したものと考えられるのではないでしょうか。

昭和三十二年（一九五七）に北山クラブを創設し、戦後京都の山岳界をリードしてきた金久昌業（かねひさまさなり）は、自身の著書『北山の峠――京都から若狭へ』のなかで神楽坂について次のように記しています。

……この峠は今もきれいに整備されているので現役の峠道を歩くのと変わらない。これは原の老人クラブの人びとが春と夏の二回下刈りをし、殿田に行くのに今もこの神楽坂を越すからだそうだ。……（中略）……この道を歩くと一木一草にも丹精を籠めたような刈り込み方なので、老人達の鎌を持つ手が、そして峠への深い思いが痛い程伝わってくる。無造作に踏んでゆくのが勿体なく感じられる程である。このような意味からこんなきれいな峠は、北山広しといえども他に類を見ない。……

そして、いつのころからか神楽が奉納されなくなり、今は朽ち果ててその形を失ってしまった白木の鳥居を金久は目にしていました。すでに神楽堂がなく黒ずんだ鳥居だけが建っていたのだそうですが、前述した神楽坂に関する伝承を知らなくても、それが「愛宕信仰の鳥居だということは奇異に思いながらでも察しがつくと思う」と記し、火難避けの鳥居として愛宕山の方角に向かって建っていることを確認しています。この愛宕の遥拝所にあった神楽堂はどのような建物だったのか、奉納されていた神楽とはどんな舞だったのか、目にすることはもうできませんが、金久が北山でもっともきれいな峠と称した神楽坂の峠道は今も原の人々によって手入れがなされています。

史料に見る愛宕信仰と地蔵尊

近年、日吉町郷土資料館で整理を進めているある史料群のなかから、愛宕信仰に関連する古文書を発見しました。この古文書は、天保（てんぽう）七年（一八三六）の「田畑高揃帳」という題名が付されたもので、この家が所有する田地を中心とした石高の書き上げです。注目したいのは、その奥書に認められている「家伝ル必事」という見出しで始まる家伝で、代々伝えるべき事柄のひとつに愛宕と地蔵信仰の関わりに触れる内容が含まれていました。では、まずその全文を紹介します。

家伝ル必事

北乾の方、別而きれいに致べく候、
当家本尊地蔵尊、毎月廿四日大切ニ
可仕候事、愛宕山毎年参詣可仕候、
御百味いただき、御供物毎月廿四日二
家内いただき可申候事、別而長久の
家二而、格別普請不可仕少シヅヽの
仕ふく（修復カ）致普請の節ハ、方がく又者
その年をよく考、可致候事、
●幾久し　伝ル家の　繁昌に
大こく石の　そこに経舗
一第一殺生別而長物等殺べからす候事

この古文書は、上胡麻（かみごま）村（現在の日吉町上胡麻）の木戸家に伝わるものです。木戸家は、比叡山麓の江州木戸村（現在の滋賀県滋賀郡志賀町木戸）の出身といわれ、初代は木戸越前守秀資と称し、その後六角氏に属して永正年間（一五〇四〜一一年）に秀貞が同地に城を築いたという一族です。しかし、織田信長

の近江攻めでその地を追われ、流浪の末住み着いた場所がこの上胡麻の地だったといわれています。その後、木戸家は園部藩の郷士として代々八兵衛を襲名し、江戸時代を通じて庄屋などの村役などもつとめ、苗字帯刀を許されるなど、地域の有力な家柄のひとつでした。

前述の奥書を要約すると、以下のとおりになります。当家の本尊は地蔵尊なので、毎月二十四日には大切に祀るように。北乾（北北西）の方角にあたる場所をとくにきれいにするように。当家の本尊は地蔵尊なので、毎月二十四日には大切に祀るように。愛宕山へは毎年参詣するように。そして、その百味（たくさんの珍味）をいただき、供物は毎月二十四日に家族でいただくこと。また、当家は由緒ある古い家なので格別の普請はせず、少しずつ修復で対応するように。普請のときは、方角やその年の年回りをよく検討して行うように……。

この奥書の内容は、移りゆく時代のなかで子々孫々へと受け継ぐべき暮らしのありようを示したものであり、家の憲法ともいうべき家訓としての性格がうかがえます。そこには、家の永続を願う先祖の教えが凝縮されており、家業存立の基本としてきました。木戸家のそれは、本尊である地蔵尊を大切に祀る教えから始まって、愛宕山へ毎年参拝するよう教えています。さらに、数多くの珍味をいただいて、毎月二十四日には供物を供え、それを家族みんなで饗食するよう説いています。文脈から、数多くの珍味や供物は愛宕にまつわるものと理解できますが、どんな珍味や供物をいただいていたのかはここではわかりません。しかし、この教えにしたがえば、少なくとも毎月二十四日に本尊である地蔵と愛宕の両方の祭祀を執り行っていたということになります。

木戸家の地蔵尊は右ひざを折って右足首を左ひざにのせる半跏思惟の姿で、仏壇の中央に今も祀られています。そして、愛宕もまたこの仏壇で祀られてきました。つまり、木戸家では火伏せにまつわる愛宕信仰と地蔵尊を祀る行為が同日にいっしょに行われていたことになります。愛宕信仰と地蔵信仰、一見奇妙な取り合わせに思われるかもしれませんが、両者は非常に密接な関係にありました。

愛宕信仰と地蔵信仰の習合について、大森惠子は江戸時代の近畿各地で行われていた風俗を記した記録から、地蔵信仰が近世後期には京都の愛宕大権現の本地仏である勝軍地蔵を媒介としながら、愛宕信仰と表裏一体となって各地に流布されていたことを指摘しています。一方、五来重は、地蔵盆がもともと愛宕山の本尊である勝軍地蔵を祀る行事で、愛宕信仰が京都周辺を中心に広まるにつれて地蔵を祀る行事として定着していったと指摘しています。つまり、愛宕と地蔵に関する信仰はもともとセットで広まっていったものであり、その祭日も同じ日であることから木戸家に見られるように愛宕信仰と地蔵尊が結びつくのはごく自然の形であったといえます。木戸家のある上胡麻には愛宕に関する講組織や松明行事などはありませんが、木戸家の戸主は代々家伝に導かれるように今も毎年愛宕山に参拝しています。そして、愛宕で受けてきたお札は、本尊である地蔵尊が安置されている仏壇に納められています。

紹介した奥書の続きには、当家の大黒柱の礎石の底に法花経（法華経）一巻を埋めてあるので、もし普請したときは礎石の下を掘ってはならないと記され、最後に当家は立て替えてはならないと結んでいます。この家訓ともいうべき奥書の後半は、家の普請に対する教えを連綿と説いており、今も立て替えられることなく子孫が守り伝えているのです。

◉むすびにかえて

これまで見てきた愛宕にまつわる松明行事や伝承は、丹波地域に伝わる事例のごく一部にすぎません。しかし、数少ない限られた地域の事例にも関わらず、さまざまな愛宕信仰の姿が浮かび上がってきたのではないでしょうか。

今も行われている火祭りの多くは、万灯籠から展開していったもので、その多くは盆の送りと習合した形で見られます。紹介した松明行事は、いずれもたくさんの松明で灯火を愛宕に献じるものであるし、牧山や大唐内の松明行事はそれが大規模に風流化していったものです。また、松明行事のような愛宕への献火以外にも本地仏にまつわる地蔵信仰との習合も庶民生活に広がりを見ることができ、愛宕信仰のもつ多様な側面がうかがえます。しかし、この多様さは時としてさまざまな要素と複雑に絡み合うことによって愛宕信仰の姿を見えにくくしています。また、行事によってはそれを支える人びとの意識から欠落しているケースも珍しくありません。このような状況は愛宕信仰のもつ特質だということもできますが、逆に他の信仰に比べてその解明が立ち遅れている要因であることも事実です。

火難から家族や財産を守るという、私たちの暮らしのなかで最も切実な願いが込められた愛宕信仰は、いまだ多くの謎に包まれた分野であり、その研究はまだ緒についたばかりなのです。

参考文献

五来重『仏教と民俗――仏教民俗学入門』角川書店、一九七六年
上田正昭監修・民俗祭事調査会編『民俗祭事の伝統――丹波亀岡のまつり』角川書店、一九九二年
大野啓「同族集団の構造と社会的機能――口丹波の株を事例に」『日本民俗学』二三一号、二〇〇〇年
金久昌業『北山の峠――京都から若狭へ』ナカニシヤ出版、一九七九年
高橋秀雄・青山淳二編『祭礼行事　京都府』おうふう、一九九二年
日吉町『日吉ダム水没地区文化財調査報告書』一九八八年
日吉町郷土資料館『常設展示図録　日吉町の歴史と文化』二〇〇〇年
八木透編『京都の夏祭りと民俗信仰』昭和堂、二〇〇二年
八木透監修・鵜飼均編『愛宕山と愛宕詣り』京都愛宕研究会、二〇〇三年

第六章　くらしのなかの火
愛宕信仰との関連において

八木　透

◉はじめに

今日、愛宕は火伏せの神として崇敬されており、多くの家々で台所に貼られた「阿多古祀符火迺要慎」と書かれたお札をよく見かけます。しかし愛宕が火伏せの神として信仰されるようになるのは、少なくとも中世末期から近世以降のことで、それ以前、とくに戦国期の武士たちは、愛宕を「軍神」として崇拝してきました。それは愛宕の本地仏が勝軍地蔵であったことに由来するものと考えられます。

京都の愛宕社には、明治初年の神仏分離まで白雲寺という寺院が存在し、そこで実際に勝軍地蔵が祀られていました。神仏分離にともなう廃仏毀釈（はいぶつきしゃく）によって白雲寺は廃され、以後は寺僧が神職となって今日の愛宕神社に引き継がれました。本尊の勝軍地蔵は西山大原野の金蔵寺（こんぞうじ）に移され、今日では本堂の後方の小さな地蔵堂で祀られています。

愛宕は中世から近世、そして明治の神仏分離を経て近代へという時代の移り変わりのなかで、信仰の担い手とともに、信仰の内容までが大きく変化してきたと考えられます。具体的に信仰の担い手は、中世期までは修験者や武士たちが中心であったものが、近世以降はだんだんと庶民が中心となり、それにともなって、信仰内容も軍神から火伏せの神へと変化してきたといえるでしょう。とくに近世中期以降は、京都に住む人びとにとって愛宕は火事を防いでくれる大切な神として祀られるようになりました。

ところで、長い歴史の中で、私たちのくらしは火とどのように関わってきたのでしょうか。現在では、ボタンひとつで点火や消火が可能になり、機械やコンピュータがすべてを制御するという時代に、私たちは火をどのように認識し、火といかに向き合ってゆくべきなのでしょうか。

火をめぐる文化について考えるとき、はじめに確認しておかなければならないことは、火というものは、太古以来私たちのくらしになくてはならないものだったということです。あらゆる動物のなかで、火を自在に扱えるのは人間だけです。他の動物たちは火を扱うことができません。火を操れるか否かが、人間と他の動物を区別する一番重要な基準です。それが同時に、「文化」と「自然」を区切る基準でもあるといえましょう。人間がここまで高度な文化を築き上げることができたのは、すべて火を自在に扱えたからであるといっても過言ではありません。それだけ火は何をするのにもなくてはならないものです。しかし、火は貴重な恵みを与えてくれ、文化を築いてくれる必要不可欠な存在ではありますが、ひとつ間違えると、家やくらしのすべてのものを焼き滅ぼしてしまう、恐ろしい力を持った魔物でもあります。火は恵みと脅威という、相反する性格をあわせもった存在であるといえるでしょう。

このように、火は特別な存在であるということを考えた上で、庶民のくらしの文化を考える学問である民俗学の視座から、火の特性と機能、および、私たちのくらしと火との関わりについて、愛宕という火伏せの信仰を中心としながら、考えてみたいと思います。

◉「火」の特性と機能

人と火との関わりについて考える際に、まず火にはどのような特性があり、また私たちのくらしのなかで、火はいかなる機能を有しているのかについて考えなければなりません。火には無数の機能が備わっていると思われますが、私たちのくらしとの関わりにおいては、おおむね次の八点にまとめることができるのではないかと考えられます。

熱・光・金属を生み出す「火」

第一に、火は熱を生み出します。

熱を生み出すことによって、さまざまな食物を調理する、あるいは温めるということが可能になります。人間は毛皮を有してはいません。今は衣服を着ているので寒い季節も過ごすことができますが、もし衣服がなければ、寒い冬場はたいそう難儀することになるでしょう。火は私たちに暖を与えてくれます。

さらに火が人間に画期的な転換をもたらした事実として、火が金属を産むということです。鉄、金、銀などの金属を産むためには、必ず火が必要です。たとえば、かつてのタタラ師たちは、火を自在に操ることで鉄を生み出していきました。さらに、器を焼く、陶磁器を造るということにおいても火は必要です。火は、自然のなかに存在する土や金属を、人間が必要とする自在な状態や形状に変化させてくれます。この技術は、他の動物たちには真似ができないものです。このような、人間のくらしに不可欠な道具類を産み出す源が火の力であります。

浄化・清めの力を持つ「火」

第二に、火は清める、浄化するという作用を有しています。病、悪、災厄、ケガレなどを祓い清めるという力を有しています。たとえば、農村において夏に行われる民俗行事に「虫送り」というものがあります。稲につく害虫を松明の火で祓うのが虫送りです。虫送りはおもに西日本で活発に行われた行事です。鉦や太鼓を鳴らしながら、あるいは唱え事をしながら田の畦を歩き、村の外へ害虫を送り出す行事です。虫送りというのは一般的な名称ですが、地域によっては「虫祈祷」「サネモリ送り」「ウンカ送り」など、さまざまな名称でよばれています。

ここで興味深いのは、「サネモリ送り」という名称です。今日でも四国や九州などで残っているようです。サネモリというのは歴史上実在した人物の名前です。平安末期の源平の戦いで戦死した者のなかに斎藤実盛という人がいました。斎藤実盛はその死に方に関する伝説が残されています。それは、戦の最中に田のなかの切り株につまずき、そのときに槍に突かれて死んだというものです。死ぬときに、実盛は「俺はこれから稲の害虫になって復讐してやる」といったといわれています。そこから、斎藤実盛が害虫になってこの世の中に災いをもたらすと信じられるようになり、斎藤実盛という害虫を村の外に送るという行事になったということです。

これはひとつの説であり、もうひとつの考えとしては、春の稲作の行事には「サ」という言葉がつく行事が多いということがあげられます。たとえば、田植えの前には「サオリ」という田の神を祀る行事を行うところもあります。また田植え終了後の農休みを「サナブリ」とよぶ例があります。さらに田植えをする着飾った女性を「サオトメ（早乙女）」といいます。田植えにまつわる多くの行事には、「サ」の文字がついていることがわかるでしょう。これは一説には、「サ」は田の神をイメージする言葉だといわれています。いずれにしても「サネモリ送り」という名称は、斎藤実盛という実在の人物と、田の神をイメージさせる「サ」という言葉が結合してできたのではないかと思われます。

このように、虫送りは松明を持って田の畔を歩き、鉦や太鼓で害虫を集めて、それらを村の外に送るという行事です。実際にそれでウンカなどの害虫が追放されるわけではありません。もちろん松明の火で虫を集めて殺すという現実的な意味もありますが、それよりも、稲の害虫が恨みを持って死んでいった者の復讐であるという伝承を考えますと、祇園祭と同じような御霊信仰的な背景があり、神送りという信仰的な一面があったのではないかと考えられます。これが火の持つ第二の機能であるとともに、それは次にあげる、火の持つ第三の機能と結びつくものです。

神や仏を送る「火」

第三に、火は神や仏を送るという機能を有しています。代表的な例として、京都の五山の送り火も、一種の仏送りの火ということができると思います。先祖の霊が五山の送り火を見ながら、その火に照らされてあの世に帰っていくということが京都ではいわれていますので、道を明るく照らすという性格も合わせて考えるべきかもしれません。

日本における神送りには、さまざまな形があると考えられますが、基本的には二つの形式に集約できると思います。そのひとつは、川や海に流すという形式です。盆の精霊船などはその例だといえましょう。もうひとつの形が、火によって神や仏を送るという形式です。たとえば正月行事を例にとりますと、正月には「トンド」という行事が行われます。トンドの火でお習字を焼いて空高く掲げると書道が上達するとか、トンドの火で焼いた餅を食べると一年間無病息災であるといいます。トンドの火も送り火の一種です。正月の神をトンドの火で空高く送るという意味があったのではないかと思います。神や仏の世界、あの世に送り返すという力が火にありました。先に少し触れましたが、虫送りもある面においては神送りとしての意味があると考えることができます。

家の象徴としての「火」

第四に、火は家の象徴であるということです。囲炉裏や竈(かまど)では、すべて火を使います。昔は囲炉裏の火は決して絶やしてはならないものでした。火を絶やしてしまっても、そう簡単に隣近所から火種をもらうことができなかったといわれています。

火種の大切さについて語られた有名な昔話があります。それが「大歳(おおとし)の火」とよばれる昔話です。大晦日の夜に、ある家の女房がうっかり火種を絶やしてしまい、困っているところへ火種をあげる代わりに死体を預かってほしいという旅人が現れます。大晦日の夜に死体を預かるとは非常に縁起の悪い話ですが、女房は仕方がないので、死体を預かり、その代わりに火種をもらいます。次の日の朝、死体の入っていた棺桶を見ると、小判がたくさん入っていたというお話です。この話からはいろいろなことが考えられますが、ひとつは、火は家の象徴として絶やしてはならないもので、それを司るのは一家の主婦であったということです。主婦として、火種を絶やすことはもっとも恥じるべきことでした。

それにしても、正月の朝に死体が小判に変わるというのはどういう意味を持つのでしょうか。この話は日本だけでなく、韓国、中国にも似た話が伝わっています。『今昔物語集』にも似た話があるので、中世から語られてきた話だということがわかります。おそらくこの話のルーツには、タタラや鋳物師などの金属を扱う人々の伝承があるのだと思います。たとえば死体を山のなかに運び込むと、どんどん金が採れるという言い伝えです。佐渡の金山にはそのような伝承があります。いずれにしても、このような昔話から、かつての人びとにとって火がどのような意味を持つものであったのかということを知ることができます。

ケガレや神聖性を伝える「火」

第五に、火はケガレや神聖性を伝える機能を有するといわれています。つまり、目に見えないものを伝えるという特性があります。たとえば、お葬式に行って同じ釜の飯を食べると、その家の人と同じ穢れた状態になるといわれていました。そこで、穢れた状態を隔離するため、火を別にするということが行われます。

今でも神社ではこういうことが行われています。たとえば、祇園祭で重要な役割を担う長刀鉾(なぎなたほこ)の稚児(ちご)は、今でもお母さんといっしょに御飯を食べません。これは、祇園祭は基本的に女人禁制なので、女人と火を分けるためであると考えることができます。このようなケガレを遮断するためには火を分けるということが日本の広い地域で見られました。

さらに具体例をあげるなら、伊豆諸島では、かつてタビゴヤとよばれる別小屋が存在しました。これは、月経中の女性たちが籠もるための小屋です。「タビ」は「他火」、つまり月経はケガレであるという考え方が一般に信じられていた時代、月経中の女性たちが家族と火を分けるために籠った小屋が「他火小屋」であったわけです。このように、かつての人びとは、火はケガレや神聖性というような、目に見えない状態を、人から人へ伝染させる機能を有していると考えていました。

神や仏への献火を意味する「火」

第六に、火には神や仏に捧げられる供物になるという特性があります。献火の代表的な例が、愛宕信仰と深い関わりがある「松上げ」です。松上げの本質的な性格は、愛宕の神への献火であったと思われます。たとえば京都市左京区花脊八桝の松上げは、盆の中日に行われていますが、かつては八月二十四日に行われていたということです。松上げは、花脊から広河原、美山町（現・南丹市美山町）の芦生（あしう）、さらに福井県名田庄（なたしょうむら）村でも広い範囲で伝承されています。これらの松上げとよばれる行事は、基本的には愛宕信仰に基づく火の祭礼です。時々、松上げが盆の送り火で、五山の送り火と同じ意味を持っているということが新聞や雑誌で書かれることがありますが、私は、松上げと盆の送り火とは別のものだと考えています。やはり、松上げは愛宕の神への献火であると思います。この点については、次節であらためて考えてみたいと思います。

いずれにしても、山間の村では火事ほど恐ろしいものはないと思われていました。とくに茅葺きの家が並んでいた時代は、いったん火が出たら、村が全焼することもありえたわけです。そういう村こそ、非常に熱心に愛宕を祀っています。愛宕は火伏せの神ですから、火伏せの神に火を献ずるということは非常に大きな意味があったのでしょう。それがやがて変化して、人に見せるための祭りに変化し、現在の松上げのような勇壮な行事になったのだと思われます。

年占としての「火」

第七に、年占、つまり占いとしての火があげられます。このような火の特性はあまり顕著に表面には出ませんが、たとえば火による占いの代表的な例は、京都市右京区嵯峨清凉寺で三月に行われる「お松明」という行事です。そこでは、三本の大きな松明を燃やし、その燃え具合によって稲の豊凶を占います。火の燃え方による占いの他に、煙によって占うという例もあります。火は炎と煙という二つの要素があります。煙による占いの例として、京都府亀岡市畑野町では、五月八日をヨウカビといい、樒とツツジを十字に括って竹の先につけ、これを「天道花(てんどうばな)」と称して空高くかかげるという行事が近年まで行われていました。ここでは、もし家出人が出るとこの天道花を焚き、その煙の流れる方角をさがすと家出した者が見つかるという伝承が聞かれます。これなどは、特別な植物を焚いたときに発生する煙には呪術性があると信じられていた格好の事例だと思われます。

いずれにしても、人びとの一番切なる願いは農作物の豊作でありますので、火の焼け具合や煙の立ち具合で、その年の豊凶を占うということが日本で広く行われるようになったと考えられます。ところで、清涼寺のお松明は、今日では稲の豊凶を占うための行事だといわれていますが、古くは愛宕の神への献火でもあったと思われますが、その点については、次節であらためて考えてみたいと思います。

風流化する「火」

第八に、火の風流（ふりゅう）化するという性格をあげることができます。元来火はきわめて素朴な存在です。しかし、人間は火を自在に扱うことができたので、火を華美に飾ることを覚えました。火は飾ると美しくなり、元の火とはまったく別物になります。火がもっとも美しいものとして生まれ変わった典型的な例は、何といっても打ち上げ花火でしょう。花火も元は信仰に根ざしたものでしたが、やがて私たちの目を魅了する夏の風物詩として広まってゆきました。

風流化した火が年中行事のなかに残っている例としては、たとえば毎年八月二十四日に、京都市左京区久多で行われる「花笠踊り」があげられます。これは四角形の行灯（あんどん）を本体として、六角形の台を組み合わせ、菊・牡丹・薔薇（ばら）・菖蒲（しょうぶ）などの造化で飾りつけた風流灯籠が出ることで有名です。これは精霊送りにちなんだ風流踊りの一種であり、盆の灯籠踊りの代表的な行事です。

このように、火が人に見せるために巨大化し、美しく飾り付けられた例を、全国各地で見ることができます。松上げや五山の送り火もその一例です。五山の送り火の起源は、室町時代から行われていました「万灯籠」の行事に求められ、それがやがて地面に火床を作ってそこに点火するという形式が定着し、江戸時代の十七世紀にはそれが年中行事として行われるようになったものと考えられています。これは火が風流化し、巨大化、華美化した典型的な例だといえましょう。五山の送り火の起源とその変遷に関しては、後

写真1　久多の花笠踊り

写真2　能登半島のキリコ

節でくわしく考えてみたいと思います。

ほかにも、能登半島輪島のキリコ、青森県のネプタ、秋田県の竿灯なども火が風流化した代表例です。これらの例は全国的に見られ、あげれば枚挙に暇がありません。これらはすべて火が芸能的な要素を有して、人に見せるために巨大化し、美しくなっていった状態だといえましょう。

◉愛宕信仰と火の祭礼

前節で紹介した、火が有していると考えられる八つの特性と機能のなかで、愛宕信仰と直接に関わるのは、少なくとも、熱と光を生み出す火、浄化・清めの力を持つ火、神や仏を送る火、神や仏への献火を意味する火、年占としての火、風流化する火の、六つの要素ではないかと考えられます。そこで本節では、愛宕信仰に因んだいくつかの行事を紹介しながら、愛宕信仰における火の特性と機能について考えてみたいと思います。

「火とぼし」

火伏せの神としての愛宕を祀る習俗のなかで、京都と周辺地域で広く見られる事例は「火とぼし」です。今日でも京都市内をはじめ亀岡市や園部町などの多くの地域で愛宕の石灯籠が祀られています。これらの地域では、愛宕講や村内の組、あるいは町ごとに毎日順番を決めて、愛宕灯籠に火を点す、火とぼしとよばれる習俗が今も行われています。これは木製の手提げの灯籠を毎日順番に家々で回し、当番にあたった家では手提げ灯籠のなかの蝋燭(ろうそく)に火をつけて、愛宕の石灯籠に火を献じる習俗です。家々では愛宕の手提げの灯籠が回ってくるたびに火伏せの意識を再確認し、愛宕さんへの祈りとともに灯籠に火を点すのだといわれています。この火とぼしの習俗は、愛宕灯籠に灯りを点すとともに、愛宕の神への献火を意味する事例だといえるでしょう。

写真３　愛宕灯籠と火とぼし

嵯峨清涼寺の「お松明」

先にも少し紹介しましたが、春に行われる壮大な火の祭礼が、清涼寺の「お松明」です。嵯峨にある浄土宗清涼寺は、通称嵯峨釈迦堂とよばれ、古くから厚い信仰を集めてきた著名な寺院です。清涼寺では、毎年三月十五日にお松明という火祭りが行われます。境内に二丈、一丈九尺、一丈八尺の三本の大松明が建てられ、本堂に祀られた涅槃図(ねはんず)を供養した後、夜八時ごろに大松明に火がつけられます。

二丈の松明から順番に早稲（わせ）、中稲（なかて）、晩稲（おくて）にみたて、その燃え方でその年の稲の豊凶を占うといわれています。近世の記録によると、愛宕神社の御輿（みこし）は清涼寺に保管され、寺地は愛宕の神領であり、楼門には「愛宕山」と記されていたといいますから、当時の清涼寺は愛宕神社の神宮寺とみなされていたことになります。またお松明の行事は、近世期には愛宕の山中で行われていたという伝承も残っています。このように、清涼寺のお松明は、今日でこそ愛宕信仰との繋がりを示す要素がなくなり、涅槃会、あるいは稲の豊凶を占う「年占」としての稲作行事であるかに理解されていますが、かつては愛宕山の修験者たちにとっての愛宕への献火を意味する火祭りであったと考えることができます。おそらく古い時代には、清涼寺と愛宕は相当深い関わりを有していたようです。このように、清涼寺のお松明行事は、年占としての性格と、愛

写真４
愛宕山と関わりの深い清涼寺のお松明

宕の神への献火と、さらに一年のさまざまな災厄を火によって祓うという、浄化の機能もうかがうことができることから、少なくとも火が有する三つの特性と機能が融合した事例だといえるでしょう。

「松上げ」

愛宕の火祭りを代表する行事は、何といっても「松上げ」です。京都北部から若狭にかけて広がる丹波山地の奥にたたずむ山里では、八月中旬から下旬にかけて、松上げとよばれる勇壮な火の祭礼が行われます。松上げの古風な形態は、各村の愛宕を祀る山の頂で松明を燃やし、また神木である松の古木に向かって松明を投げ上げるものであったといわれています。この神木は一般に「柱松（はしらまつ）」とよばれるもので、修験道の行事と深い関わりを持つものです。すなわち柱松を立てて山伏がこれに駆け登り、火打ち石で発火させて人びとの煩悩（ぼんのう）を焼き尽くす儀礼が、やがて山伏の験力を競う一種の競技となり、それが民間に流布して盆の精霊迎えや精霊送りとしての火の祭礼と習合していったと考えられます。

今日見ることができる松上げは、村の広場に長さ二十メートル近いトロギ（灯籠木）とよばれる柱松を立てて、先端にモジという傘状の籠を取りつけて、村の男たちが火のついた「上げ松」とよばれる松明をくるくる廻しながら投げ上げて火をつけるというものです。

ところで、松上げは八月二十四日の夜に行われるという例が多く見られますが、これは地蔵の縁日である二十四日に由来するものだと考えられます。二十四日は地蔵祭が行われる日です。先にも述べたように、愛宕の本地仏は勝軍地蔵でありましたから、その影響で、地蔵祭の日に松上げが行われるようになったものと思われます。

写真５　八桝の松上げ（京都市左京区花脊）

トロギバに立てられた松上げ

愛宕社の浄火を移した松明を先頭に
トロギバへ

男たちの腰につけられた上げ松

幻想的な雰囲気を醸し出すジマツ

先述したように、京都市左京区花背八桝では、かつては八月二十四日に松上げが行われていましたが、今日では八月十五日の夜に行われるようになりました。多数の男性の力が不可欠とされる松上げを維持してゆくために、村を離れている若者たちが故郷へ戻ってくる盆の期間に行事の日を移動したためです。また、松上げはかつての修験道の影響からか、準備から本番まですべてが男性のみによって行われ、女性はいっさい関与できないことになっています。

松上げの当日、八桝の集落では上桂川が大きく蛇行するトロギバ（灯籠木場）とよばれる平地の中央に、先端にモジを取りつけた高さ約二十メートルの桧の柱が垂直に立てられます。夕刻になるとその周囲には千本近いジマツ（地松）が立てられ、いよいよ幻想的な雰囲気が盛り上がってきます。やがてネギ（禰宜）とよばれる村の神職を中心とした役員たちが、村内にある愛宕社から種火を松明に移し、トロギバに到着すると、いっせいに地松に火が灯され、暗闇のなかにほのかに浮び上がったトロギは人びとの目にひときわ高く映ります。やがて八時すぎ、鉦と太鼓を合図に、トロギバに集まった男たちはいっせいに先端のモジを目指して上げ松を投げ始めます。降り注ぐ火の粉のなか、男たちは上げ松を拾っては投げまた拾っては投げ続けます。やがてだれかの投げた上げ松がモジに入ると、行事はいよいよクライマックスを迎えます。モジが炎を上げて勢いよく燃え始めたかと思うと瞬時にしてトロギを支えていた綱が切られ、トロギは倒され、開始から約十数分で松上げは終わります。

八桝からさらに北へ入った広河原（ひろがわら）でも、八桝と同様の松上げが八月二十四日の夜に行われます。広河原の松上げの大きな特色は、行事の一週間ほど前に、ふだんは佐々里峠（さ さりとうげ）の地蔵堂に祀られている地蔵を村内の観音堂に移すことです。この地蔵は松上げが終わるまで村内で祀られ、やがてまた峠のお堂に戻されます。広河原の松上げには、地蔵祭としての松上げがよく現れていると思います。

一方、加茂川の源流にあたる北区雲ヶ畑でも、八月二十四日に村内の二ヵ所の愛宕山とよばれる場所で松上げが行われます。ただ雲ヶ畑の松上げは、山の頂に百束余の松の割り木で文字の形を作り、それに点火するという形態をとっています。これは愛宕信仰に根ざした松明行事としての松上げと、五山送り火に代表される盆の送り火が習合した典型例だということができます。

今日松上げの行事を伝えているのは、上記のほかに京都市左京区久多、北桑田郡京北町（現・京都市右京区）の小塩や美山町の芦生など数ヵ村と、福井県では遠敷郡（おにゅうぐん）名田庄村全域、および小浜市の南川流域

写真６　広河原の松上げ

写真７　佐々里峠の地蔵

写真８　雲ヶ畑の松上げ（出水伯明氏撮影）

の地域です。また松上げとはよばれませんが、同種であると思われる松明行事は、亀岡市から大阪府の能勢町、池田市、さらに兵庫県三田市から西の宍粟市へとその分布が広がっています。

このように、松上げは火の神として信仰を集めた愛宕信仰に端を発し、さらに愛宕と深い関わりのある地蔵信仰とも結びついた、いわゆる神仏習合的な民俗行事として今に伝えられています。そもそも京都周辺で、今日「地蔵盆」の名で親しまれている行事も、明治以前は「盆」ではなく、地蔵菩薩を祀るための行事で、「地蔵祭」とよばれていました。これも夏に行われる種々の民俗行事が盆行事のなかに吸収されていった例のひとつであると思われます。

ところで松上げには、火にまつわるさまざまな特性を複合的に見ることができます。松上げは、基本的には愛宕の神への献火であるといわれていますから、神仏への献火としての火の性格が根底にあることは間違いありません。一方で松上げは、村の一年間の火伏せとともに、村に病気が蔓延したり、災害に合わないようにとの祈りが込められているといわれていますから、災厄やケガレを祓うという意味も含まれていると考えられます。さらに松上げには、火の燃え方や早さなどによってその年の豊凶を占う意味もあると考えられることから、年占としての性格も含んでいると思われます。さらに雲ヶ畑の例のように、松上げが盆の送り火と習合すると、そこには神や仏を送る火の要素が加わることになります。このように、松上げは、火の持つさまざまな特性や機能を複雑に含み込んだ行事だということができるでしょう。

◉愛宕信仰と盆の送り火

ここで、愛宕信仰に根ざした火の行事と、五山送り火に代表される盆の送り火の関係と、それぞれの歴史的変遷について、あらためて考えてみたいと思います。

五山の送り火の起源は、「万灯」や「千灯」などとよばれた、室町時代以降に京都と周辺地域で行われてきたとされる灯籠行事だと考えられています。万灯籠とは、盆行事のひとつの形式であり、五山の送り火と同じように、あの世から戻ってきた先祖を供養し、この火で照らしてあの世にお帰りいただくための灯籠行事です。「万灯」や「千灯」に類する行事は、現在でも多くの地域で行われています。たとえば京都の嵐山では、五山の送り火の夜に、川にたくさんの灯籠を流します。また当日には広沢池でも灯籠供養が行われます。さらに、八月二十三日と二十四日に化野念仏寺で行われる「千灯供養」も万灯籠の行事の代表例だといえるでしょう。これら万灯籠行事の多くは、室町時代から行われていたと考えられています。

写真9　大文字の送り火

それらは、元来はさほど派手な行事ではなかったと思われます。というのは、今日でも盆に家の近くの四つ辻や河原などで、オガラ（緒殻）や線香を焚き、鉦を鳴らして先祖の霊を送るという送り火の行事が全

写真10　鳥居形送り火

鳥居形送り火の種火

国いたるところで見ることができるからです。これはあくまでも家族で行う素朴な盆の送り火行事だといえましょう。このような素朴な、先祖を送るための火がたくさん集まり、また大勢の人たちに見せることが必要となり、風流化したのが万灯籠行事です。多くの人たちに見せるためには、火そのものを大きくしなければなりません。また見世物として人びとの注目を集めるためには、趣向を凝らした工夫が必要です。その結果作られたのが、「十二灯」とよばれる万灯籠です。「十二灯」は十二個の火を持つ大型の松明であると考えられます（植木行宣「盆行事と火の風流」（八木透編著『京都の夏祭りと民俗信仰』昭和堂、二〇〇二、所収））。

　戦国時代あたりから、このような大型の松明行事が京都周辺の村々で行われていたという記録が出てきます。また京都市中でも、十二灯を見に行ったという記録があることから、江戸時代以前からこのような万灯籠行事が行われていたことは間違いないようです。これはまさに火が風流化して、派手に巨大になったものです。京都では、これをさらに大勢の人に見せるための工夫が進み、その結果、さらに万灯籠の火が風流化したのが五山の送り火のルーツであるとするのが、今のところ定説だろうと思われます。

このような万灯籠行事が元になり、それがさまざまに変化する過程で、大勢の人びとに見せるために、山の斜面に火床を築き、そこに文字を描いたり、あるいはさまざまな図柄を松明で描くという発想が生み出され、やがてそれが年中行事として定着していったのが五山の送り火の始まりです。ですから、もともと中心となる縦木にカセ、すなわち横木を組んで、その先に十二個の松明をくくりつけた「十二灯」と称する松明が、山の斜面に火床を作って火を燃やすという形態の送り火に発展するためには、想像を超えた発想の転換が必要だったと思われます。そのような質的な変化を遂げ、大文字に代表される五山の送り火は十七世紀初頭、すなわち江戸時代初期には年中行事として定着したものと考えられます。

一方、松上げの起源はこのような送り火とは少し異なります。おそらく松上げの起源は、修験者たちが伝えた「柱松」という行事ではないかと考えられます。柱松は、今日のトロギ（灯籠木）に相当するものです。トロギは、垂直に二十メートルほど伸びた桧の大木です。トロギは、漢字を宛てれば「灯籠木」であろうと考えられますから、これは万灯籠行事だと思いがちですが、トロギとはおそらく後によばれるようになった名称で、本来これは修験道の柱松の行事だと考えるべきでしょう。どちらが先に柱松の先端に攀じ登って火をつけるかを競い合った、修験者の験比べがルーツにあるのではないかと考えられます。だからこそ松上げでは、今日でもだれが一の松をモジに入れるかを競い合うわけです。一の松を今年はだれが入れたかということが村々で噂になります。このように松上げは五山送り火とは異なり、愛宕信仰に基づいた柱松の行事に由来するものであると考えられます。

ところで、五山送り火が年中行事として定着するのは十七世紀初頭のことであろうと述べましたが、ならば松上げが村々の年中行事として毎年行われるようになったのは、はたして、いつごろなのでしょうか。じつは、松上げもそれほど古いとは思えません。というのは、松上げをめぐる伝承を各地で聞いてみますと、今日のような松上げ行事が行われるようになるのは古いことではなく、昔は、松上げは愛宕山と名づけられた山の頂で、きわめて質素に行われていたといわれています。京都北部から若狭にかけての多くの村々では、愛宕山とよばれる小高い山があり、その山頂には愛宕のご神体としての松の古木があったといいます。そのご神木に松明を供える行事を松上げとよんでいたようです。それがやがてご神木である松の古木に向かって松明を投げ上げるようになってゆきました。それが今日見ることができる松上げの起源だと思います。それがやがて風流化し、巨大化して、多くの人びとに見せることを目的とするようになると、祭りの場が山の頂から里の広場に移されました。その結果、今日見られるような、巨大で勇壮な松上げの行事が定着していったものと考えられます。このように、松上げもその変遷の跡をたどれば、五山送り火と同様に、元は素朴で質素な火の行事であったものが、風流化する過程でさまざまな工夫や演出が凝らされ、その結果巨大に、華美になっていったのです。

以上のように、私は大文字送り火と松上げは基本的に起源と目的を異にする行事であると考えています。送り火は、あくまでも盆行事の一環であり、先祖の霊をあの世へ送るための火の行事です。しかし松上げは、愛宕の本地仏である地蔵を祀るための行事です。多少の例外はありますが、基本的には地蔵信仰がどれだけその行事に深く根づいているかによって、愛宕信仰の影響を知ることができると思います。しかし盆が基本的に旧暦七月中旬の行事であり、地蔵祭が旧暦七月下旬の行事であったとすると、七日から十日程度の日程差で、同じような火の行事が行われることになり、長い歴史のなかで二つの行事が習合し、混同して伝えられてゆくことは当然のことだといえるでしょう。さらに、明治の神仏分離によって、愛宕と地蔵信仰のつながりが表面的には消失してしまうと、さらに松上げの本来の意味は忘れ去られて、多くの行事が盆の送り火の行事として認識されるようになっていったと考えられます。

先述したように、八月二十四日に行われる北区雲ヶ畑の松上げがその典型例です。この行事は地蔵の縁日である二十四日に行われる「松上げ」なのですが、形態は松明で山の頂に文字を描くというものです。これは明らかに五山の送り火の影響を濃厚に受けながら、盆の送り火と習合、混同していった松上げの行事だといえましょう。

その一方で、あくまで松上げの形式を残しながら、風流化を遂げてきたのが、左京区花背八桝、広河原や美山町芦生、さらに福井県遠敷郡名田庄村、福井県小浜市の一部に残る松上げだと思います。京都や若狭以外の地域にも、広い地域で夏の松明行事は伝承されています。たとえば大阪府池田、兵庫県三田から西播磨の宍粟市から佐用郡にも夏の松明行事が伝承されています。それらは、一方で愛宕火の行事だといいながら、片方では盆の送り火だともいわれるように、明らかに二つの異質な行事が混同して伝えられていると考えられます。

ところで、若狭の大飯町《おおいちょう》では「オオガセ」という松明行事が行われています。その形状は、十メートルほどの垂直の柱を建て、そこに横木を取りつけたものです。ちょうど十文字になるように横木を五本ほど取りつけ、それぞれの先端に松明をくくりつけてそれに火をつけます。これは先に紹介した「十二灯」と同様の松明行事だといえるでしょう。さらに松上げとオオガセが質的に異なる点は、オオガセは寝かせておいて火をつけ、それを縄で引き起こします。また縄を張っているので、ぐるぐると回転させることができます。オオガセは、松上げとはまったく異なった勢いと見ごたえのある松明行事です。同じような松明行事は、丹後半島の久美浜町（現・京丹後市久美浜町）河梨（こうなし）という村で、「十二灯」という行事が行われており、形はオオガセとほとんど同じです。しかし河梨の十二灯は、あくまでも愛宕山に火を献じるための行事であると言い伝えられていますから、これは盆の送り火の行事に愛宕信仰が付加された行事だといえましょう。このように、若狭から丹後にかけて、名称はそれぞれ異なりますが、形状としては大飯町のオオガセと同様の松明行事が行われていることがわかります。

　私は基本的に、松上げとオオガセは異なる系譜を有する松明行事だと考えています。松上げは修験道に由来する「柱松」の行事を起源とし、愛宕信仰と深く結びついて伝えられてきた火伏せの行事ですが、オオガセは、「十二灯」に代表されるように、盆の送り火を起源とする松明行事であり、その意味からいえば、オオガセは五山送り火と起源を同じくする行事ですが、松上げとはまったく異質な松明行事だということになります。なお松上げとオオガセという二つの松明行事の相違についての詳細は、先に出版されている『京都の夏祭りと民俗信仰』（昭和堂、二〇〇二）を参照いただきたいと思います。

　ところで、愛宕信仰に根ざした松上げと、盆の送り火の関係についてさらに深く考察しようとすれば、日本人と松の木の関係について考えなければならないと思います。京都北部の村々を歩いてみるとすぐに気づくことですが、古い家には、必ずといってもいいほど松が植えられています。松が植えられている理由について村の人びとにたずねてみると、松は家を守ってくれるからだという伝承を聞くことができます。松は家を守る呪木的な意味があると信じられていたのかもしれません。

　そのような意味からあらためて松上げと盆の送り火の行事を見てみると、松上げのトロギには、今日で

写真11　オオガセ（福井県大飯町福谷）

写真12　京丹後市河梨の十二灯

図1　オオガセ（左）と松上げ（右）

は檜が使われています。しかしそれは、二十メートルものまっすぐな松の木が存在しないために、檜が用いられているのであり、先にも述べたように原初的な松上げは、山の頂の松の古木に向かって松明を献ずるというものでした。また上げ松とよばれる、火を点けてトロギの先端に向かって投げ上げる松明はすべて松の割木で作られます。また五山の送り火で焚かれる護摩木（ごまぎ）も、すべて松の割木です。さらに松の呪術性を示す例は、送り火における消し炭です。送り火の火が消えたあとの護摩木の消し炭を、京都の人たちは早朝に山に登り、拾って持ち帰ります。それを玄関の上に飾って魔よけにします。松の消し炭にはさまざまな呪力があるといわれています。祇園祭のちまきなどと同じように玄関に飾ることで、一年間の無病息災がかなえられ、病気や災厄から免れることができると信じられています。さらに消し炭を削って飲むと万病に効く薬になるという伝承もあり、民間薬としても用いられてきました。このような事例からも、「松」そのものに対しての何らかの信仰が存在し、それが松上げと盆の送り火に共通して見られたのかもしれません。この点も、今後は考えてみる必要があるでしょう。

◉むすびにかえて

私たちのくらしのなかに息づく「火」の伝承と信仰、さらに「火」をめぐるさまざまな行事や祭礼について、愛宕信仰という火伏せの民俗信仰に焦点をあてながら考えてきました。くらしの隅々までを科学が支配する世のなかとなり、神や仏の面影を探そうにも、なかなか見つけにくい現代です。しかしそのようななかでも、五山の送り火や松上げは毎年行われ、去り行く夏を惜しみながら、ビヤガーデンでジョッキを片手に高見の見物をする観光客が存在する一方で、夏の夜空に燃え盛る火に対して、大勢の人たちが切実な祈りを捧げていることも事実です。「風流」とは、元来見る者を驚かせ、喜ばせるための趣向であることからいえば、生ビールの妻として送り火や松上げを見物することは、決して否定はできません。しかしこれらの火は、あくまでも信仰に根ざしたものであることを忘れてはならないと思います。

夏には、全国各地で花火大会が行われます。花火も、火が風流化した代表的な例です。花火は今でこそ一種の見せ物ですが、元は信仰として始まりました。火をめぐる行事は、今日では風流化したものがほとんどで、そこには人に見せるためとする性格が備わっていることは確かですが、根底には、必ず何らかの信仰が息づいています。人びとのくらしのなかの切なる願いが込められた信仰行事であるということは間違いありません。だからこそ、伝統的な民俗行事として長い間継承されてきたのです。

世のなかがこれだけ目まぐるしく変化するなかで、人びとの火に対するイメージは昔と今とではまるっきり違うものになってしまったのかもしれません。しかし、火や炎に託す人びとの祈りは、それほど変わっていないのではないかと思います。人びとの願いや祈りの心がなくならないかぎり、そして火が神聖なものであるとする考えがなくならないかぎり、火をめぐる民俗行事は、これからも継承されてゆくでしょう。

参考文献

八木透編『京都の夏祭りと民俗信仰』昭和堂、二〇〇二年
八木透監修・鵜飼均編『愛宕山と愛宕詣り』京都愛宕研究会、二〇〇三年
八木透「丹後の松明行事——久美浜町河梨の十二灯」(『アジア宗教文化情報研究所報』第四号、佛教大学アジア宗教文化情報研究所、二〇〇五年)

第七章　山岳信仰と愛宕山信仰

宮本袈裟雄

◉はじめに

京都の愛宕山は、火防神を祀る霊山として広く知られていますが、私自身、一度は登拝したいと思いながら今日までその機会がなく、愛宕山信仰を深く研究しているわけでもありません。そのため京都の愛宕神・愛宕山に関しては、火防の神として信仰されていること、その本地仏は勝軍地蔵菩薩とされてきたこと、愛宕山は天狗の太郎坊がいる山として知られていたことなどの一般的知識の域を出るものではありません。

私はこれまで関東・中部・東北と、いわゆる東日本の山岳信仰や修験道に注目してきましたので、その際に気になっていた事柄を中心として愛宕神や愛宕信仰に言及したいと思います。

◉近畿型山岳信仰

愛宕山信仰に言及する前に、山岳信仰全体、あるいは東日本の山岳信仰と対比して近畿地方の山岳信仰を見渡してみますと、いくつかの特徴が指摘できます。そのひとつは、愛宕山を含めて金峰山・吉野山・大峯山・熊野三山・比叡山・高野山など、近畿地方の霊山の多くが、古い時代から歴史の表面に登場してきたことです。もちろんそれは古代に平城京・平安京が造られて以来、近畿地方に日本の都がおかれ、国史や貴族たちの手による書物に京都や奈良および周辺の山名が登場しているからです。つまり朝廷や貴族たちの篤い信仰が寄せられてきたわけです。さらに山岳仏教の隆盛によってますますそうした傾向が高まり、全国から多数の山岳修行者が近畿地方の霊山に集まることになったのです。

比叡山・高野山はそれぞれ天台宗・真言宗の霊山としてよく知られているところですが、熊野三山・大峯山・吉野山は山岳修行者たちの主要な修行道場となり、わが国独自の修験道も成立してくるのです。また古代における朝廷や貴族の霊山に対する篤い信仰は、藤原道長の御嶽詣（金峰山）、白河・鳥羽・後白河三上皇の熊野詣に窺うことができます。

こうして卓越した存在となった近畿地方の霊山に祀られる神信仰は、全国各地に普及していきました。熊野神社や日枝神社・金峰山神社などはその代表的なものであり、愛宕神社も和歌山・愛媛・熊本・沖縄などの数県を除いて祀られているといわれていますので、ほぼ全国に普及したといえるでしょう。このように近畿地方の霊山の信仰で全国的に普及しているものが少なくない点が第二の特色として挙げることができると思います。けれども全国的に普及しているのは、八坂神社や貴船神社の例にみるごとく山岳信仰に限ったものでもありませんし、近畿地方の霊山のなかでもその信仰があまり普及しなかったものもあることは言うまでもありません。

しかしながら高野山信仰の普及にとって、高野聖が大きな役割を担ってきたことにみられるように、山岳信仰の普及には山岳修行者たちの役割に大きなものがありました。熊野三山信仰では、参詣者の宿舎にもなり、祈祷を行う御師、参詣者の案内を務めたり代理人となって熊野参詣を行う先達というように、御師・先達制度を発達させたことは広く知られているところです。しかし、近世の中ごろになりますと、街道や宿場、港や船の発達、庶民の台頭などによって、御師が従来の機能に加えて配札に信者のいる村々を廻るようになります。一方、村々では代参講が組織され、毎年講員のうちの数名の者が参詣するという形態が支配的となります。農村における社寺参詣の形態は昭和三〇年代ごろまでこの代参講が支配的であったといえましょう。

全国的に信仰を普及させた熊野三山・金峰山・高野山・愛宕山などの全国型とでもいうべき山岳信仰に対して、東日本に例を求めますと、相模の大山・武州御嶽山・上毛の榛名山・秩父の三峰山・信州の戸隠山の場合などは御師の活躍などによって広狭の差はありますが、各地に代参講を成立させ広範な地域から信仰を集めています。こうした山々は一般に地方霊山と称されるものです。そして、地方霊山の台頭、隆盛は少なからず全国型とも称すべき霊山の信仰に影響を与えたと思われます。東日本にも多数の熊野神社が祀られています。しかしその多くは地域の氏神として祀られており、氏神の境内社・末社として祀られているものはそれ以上に多いといえます。しかし熊野神社を祀る地域の人びとが紀州の熊野山より勧請したと伝えているところはあるものの、紀州の熊野三山へ定期的に参詣しているという話はほとんど聞いたことがありません。つまり紀州の熊野三山との関係は切れているといえるのです。

山岳信仰を問題にするとき、よく信仰圏が取り上げられます。これは文字通りある霊山の信仰が及んでいる地域圏ということですが、霊山の信仰史を明らかにするための分析概念としても用いられます。宮田登氏の『山と里の信仰史』(吉川弘文館)によりますと、山麓周辺で、一日以内で登拝が可能で、水分神・作神・祖霊・山の神などの性格を示す第一次信仰圏、山麓を離れた遠隔地で、登拝には中途で宿泊が必要であり、山岳側の配札圏にあたる第二次信仰圏、山岳との直接的なつながりが薄れ、信仰集団が地域社会を超えて横に連繋する傾向を示す第三次信仰圏というように、三つの同心円的な圏を設定しています。宮田登氏が信仰圏を設定するにいたったのは、信州の戸隠山や津軽の岩木山の信仰史を明らかにするとともに、行者を中心に展開した富士講や木曾御嶽講を山岳信仰史のなかに位置づけようとしたことによるもので、同心円的な圏はあくまで理念型とみるべきであろうと思われます。

いずれにしましても、山岳信仰の信仰圏は霊山との繋がりを基本にした上で、第一次・二次の信仰圏が設定され、第三次信仰圏は行者を媒介として霊山と繋がりを持つか、まったく繋がりが切れているものです。霊山との関係が切れているという点では、先に述べました東日本における熊野神社を祀る地域の例と重なりますが、熊野神社の場合はその性格だけをみますと、宮田氏がいう第一次信仰圏の性格を持っておりますので、第三次信仰圏とは区別しておいた方が妥当なのではなかろうかと思います。東日本の熊野神社の例は、かつて紀州の熊野三山信仰の影響で成立したが、後に関係が絶えて地域の守護神として、あるいは末社や境内社のように地域の守護神を補完するものとして祀られているという意味で、一応分布地域という用語を使用しておくことにします。この分布地域という用語には、信仰内容は窺い知れないが、伝承あるいは文書記録や遺物・遺蹟などでかつて信仰されていたことが明らかにできる地域をも含めたいと思います。これに関しては機会をみてあらためて論じたいと考えています。

ところで、東日本の愛宕神社に目を向けますと、数の上では稲荷神・熊野・八幡などには遠く及ばないものの、各地で祀られています。『神社名鑑』(神社本庁刊)には秋田県二社、山形県八社、福島県・茨城県・千葉県・東京都・富山県・山梨県各一社が記載されています。そのほとんどが旧郷社という社格を有する、その地方においては著名なものですので、丹念に史資料を検索し、無格社・境内社として祀られているものを含めると、『神社名鑑』の記載数の数十倍に達するであろうと思われます。また山形県に八社と多いことも注目されます。しかし、その理由はいろいろと推測できますが明らかではありません。ただし、鶴岡市中野京田の愛宕神社は、「住吉、丹波国桑田郡阿多古神社を勧請したと伝う」、酒田市十五堂町の愛宕神社は「慶長年中に最上出羽守の臣志村伊豆が、丹州愛宕山の分霊を勧請し、現在地に創立す」などと、京都の愛宕山より勧請したことを伝えています。このように東日本で祀られている愛宕神社の多くは、京都の愛宕山から勧請したものと思われます。さらに祭神を火産霊神・軻遇突智命としたり、火防神としての信仰も窺い知れることから、ある時期に火防神としての愛宕山信仰が東日本一帯に流布したものであろうと思われます。この点については、あらためて問題にしたいと思います。

しかし先に述べた信仰圏、分布地域との関連では、愛宕神を勧請した地域がその後も京都の愛宕山との関係を維持していたのかという点は、愛宕山側の組織や体制と深く関わりますので、明らかではないのですが、一般的にみて地域の氏神として祀られるようになった段階では、京都の愛宕山との関係は切れていると理解することの方が妥当と思われます。

こうした東日本の愛宕信仰に対して、京都の愛宕山信仰の展開はいうまでもなく近畿地方を中心に論じなければなりません。しかし私は近畿地方における愛宕山信仰に関してはほとんど史資料を蒐集していませんので、今後の課題としますが、その導入として、かつて武蔵大の学生とともに民俗調査を行った滋賀県中主町安治の愛宕講を紹介しておくことにします。

安治は琵琶湖の南岸に位置する百戸強の農村ですが、ここでは現在でも大峯山を対象とした行者講、京都の愛宕山に対する愛宕講、伊勢神宮に参拝する日待講（伊勢講）の三つの講が組織されており、それぞれ特色ある信仰を伝えています。愛宕講の場合、友人あるいは本分家関係をもとに三・四組の愛宕講が組織されており、安治の全戸はそのいずれかの組に加入しています。講員は十二月と一月の二十四日（一月のみの組もある）に当番の家に集まり、「愛宕大神」と書かれた掛け軸を拝み、会食をします。一月の愛宕講ではその年に京都愛宕山へ登る代参者二名をクジ引きによって決めますが、代参者は年内に登拝すればよいとされています。こうした愛宕講とは別に安治全体で二名の代参者がクジによって決められ、春秋の二回の登拝が行われています。愛宕講や区全体の場合も愛宕の神は火防の神として信仰されていますが、代参とは別に、「子どもが二歳になるまでに愛宕山に連れて行くと、火の災いから免れる」という言い伝えがあり、子どもを連れて愛宕山に登る家も多いといわれています。

このように安治の場合には、ムラ（区）、組、家という三つのレベルの愛宕山参詣が認められ、区・組のレベルでは代参という形態がとられています。しかしいずれも火防の神として信仰されていますので、京都の愛宕山・愛宕神社への篤信を窺うことができます。ただし安治のような参詣形態が一般的なのか例外的なのかは今後の問題です（武蔵大学人文学部日本民俗史演習『湖南安治の生活と伝承』）。

いずれにしましても、安治にみる愛宕信仰は、先に述べた信仰圏でいえば第二次信仰圏に該当し、その広がり、信仰内容の検討が愛宕山信仰史を明らかにする上で重要な事柄と思われます。

◉愛宕山信仰と愛宕勧進真似山伏

これまで近畿地方の霊山は、古くから歴史の表舞台に登場したものが多く、全国的に信仰を展開したものが少なくないこと、愛宕山信仰もそのひとつであることを述べてきました。

ところで、今日、京都の愛宕山には、その最高峰朝日峰の山頂近くに愛宕神社が鎮座し、全国の愛宕神社の総本社とされています。しかし今日の愛宕山の体制は明治初年の神仏分離によってもたらされたものです。近世には神仏混淆の山で、愛宕大権現が祀られ、主祭神軻遇突智命、本地仏勝軍地蔵菩薩とされてきました。そして六百五十二石強の朱印地を与えられ、慶俊僧都を中興開山と伝える白雲寺が存在しました。白雲寺には教学院・福寿院・長床坊・威徳院・宝蔵院・大善院の六坊があって、各々が朱印地の配当を受け愛宕山を掌握し、その運営にあたってきました。またその六坊がそれぞれ各地に檀越（祈願檀家）を抱えていたといわれています。しかし白雲寺は室町時代末から戦国時代にかけて台頭してきたもので、中世には大覚寺の坊中が愛宕山の神事奉行を務めていたといいます（第二章参照）。こうしてみますと、愛宕山は中世末から近世初頭にかけてと、近代初頭との二度の大きな変革を経て、今日の様相を示すにいたったといえます。もちろん二度の変革ばかりではなく、時代の推移とともに幾度となく変化したであろうことは推測に難くありません。明治初年の神仏分離によって白雲寺が廃寺となり五坊も消滅していますから、まとまった史料の発見は期待薄ですが、資史料を蒐集し愛宕山信仰史を明らかにすることが、今後の課題のひとつであると思われます。

さて、私が東日本を中心に山岳信仰や修験道を調べている際、愛宕山信仰に関して気になった史料があります。愛宕山・愛宕信仰といえば、その史料を思い出しながらも検討することなく今日にいたっていますが、それは次のような史料です。

元和四年午ノ正月廿九日　政府ノ四老酒井雅楽頭本多上野介土井大炊頭安藤対馬守ヨリ伊勢山田奉行へ急度申入候　御伊勢殿ト申真似勧進之者数多下国仕候　然ハ宇治神官又者年寄中へ被申渡真似勧進之者無之様　尤ニ候と申遣サレ　又同日京都所司代板倉伊賀守へ急度申入候　愛宕勧進真似山伏多候間　愛宕寺家衆へ被申渡真似山伏無之様　尤ニ存候ト申遣サル　此事東武實録ニ見ユ

（『祠曹雑識』巻三十二）

つまり、この史料は、元和四年（一六一八）、江戸幕府の老中が伊勢山田奉行および京都所司代へ、それぞれ「御伊勢殿」と申す真似勧進の者、「愛宕勧進真似山伏」の者を取り締まるように申し渡すよう指示したというものです。いつの時代も偽者が現れるという一例ですが、真似山伏が多数現れる背景には、伊勢信仰、愛宕山信仰が広く普及していたこと、上方から東国へ布教あるいは勧進に下る伊勢御師や愛宕山所属の山伏の活躍があったのではなかろうかということを推測させます。伊勢御師については、これまでの研究によって、大麻を配って各地を訪れた御伊勢御師の活躍ぶりが明らかにされてきていますが、愛宕山に関しては明らかではありません。しかし『源氏物語』に愛宕聖、『本朝神仙伝』に愛宕護山仙が記載されていることからも、古くから修行の山として知られており、多数の山伏が所属していたであろうことは推測できることです。しかし江戸幕府が宗教統制を強めている十七世紀初頭という時期に、愛宕山白雲寺六坊がどのような体制で信仰を広め信者を獲得していったかは今後の問題です。

ただし、愛宕山の山麓部に位置する村落に居住した愛宕山坊人（愛宕山法師・愛宕山家来）の存在は興味深いものがあります。江戸中期以降の史料ですが、愛宕山坊人は五坊の支配を受けて愛宕山の務めを行う半僧半俗の者ですが、彼等が配札に廻檀をしたであろうと考えられています（第三章参照）。こうした坊人が享保年間（一七一六～三六年）、愛宕山山麓部の数ヶ村に三十五名ほど認められるとのことであり、坊人はかつて愛宕聖とよばれた愛宕山に依拠した山伏・修行者たちの村落に定着した近世的姿ではなかろうかと、期待をこめて推測しています。といいますのは幕府が愛宕勧進真似山伏の取り締まりを命じた元和四年の段階では、白雲寺六坊の坊人支配が不完全であり、組織化の過程にあるとともに、白雲寺六坊自体が檀越の獲得に積極的な姿勢を持っていたとみるならば、多数の真似山伏の出現も何ら不思議なこととは思われないからです。

いずれにしましても、愛宕山信仰の流布・普及という点では、愛宕聖と称されたような修行者・山伏の活躍があったからであろうと考えております。彼らの活躍は愛宕山の天狗太郎坊や愛宕大権現が火伏せの神・火防神として普及したことと深く関係しています。

天狗は山の神に仏教や神仙思想が加わり、山の修行者たちによって形作られたものと考えております。

もちろん、流星や木霊などが天狗と称されたことがあることや、『今昔物語』にはさまざまな天狗が描き出されていることも承知しています。しかし天狗が最も活躍する時期は中世であり、鼻の高い、いわゆる大天狗といわれるタイプと鳥の嘴と羽根をもった小天狗といわれるタイプとに分けられることは周知のとおりです。前者のなかには山伏の姿をした天狗像もみられますし、日本の天狗を列挙した『天狗経』が作られていますが、そこに登場する四十八天狗の棲処はすべて修行者たちの山々です。そのなかでも第一にあげられているのは愛宕山の太郎坊であり、太郎という名前は民俗学的にいいますと長男につける名前ですので、愛宕山の天狗は大天狗のなかの大天狗といえるかもしれません。

愛宕山大権現が火防の神として広まったのも山岳修行者の活躍と深く関係しているといえます。修験者たちはさかんに柴燈護摩（採灯護摩）を焚き、それが修行のひとつであったり、信者の安穏を守るなど対庶民活動のひとつであったりといろいろな意味を持たせており、今日でも各地で行われています。火は暖房・調理・照明・焼却という四つの実利的意味を持っていますが、それが抽象的・象徴的意味になりますと、盆火にみられるような精霊・神霊の送迎の意味を持ちますし、不滅の常火に示されているような継承の意味、邪神や邪鬼を焼き尽くすことによって心身や場を清浄にするなど、さまざまな意味を持っております。その一方で、死の穢れに代表されるようにたいへん不安定なものでもあります。このような火をいかに自由に操作できるかが修験者の霊的能力を示すひとつでもあり、その力を競う修験の験競べが儀礼化したのが柱松の行事です。このほか、各家庭の火所に祀られる竈神の祭祀を修験・山伏をはじめとする民間宗教者が取り込んでいったのも、彼らの能力との関係によるものであろうと思われます。

これまで愛宕山をめぐる問題のひとつとして、修験・山伏、火防の神、天狗の三者が密接な関係を持っていることを述べました。しかしながら、愛宕山信仰や愛宕大権現全体からみると、愛宕山信仰にみる火防神という性格は、多様な性格をもつ愛宕神がその性格を特化させたと考える方が妥当なように思われます。たとえば、古代においては、京の丑寅（北東）に鎮座する比叡山と対をなす形で、戌亥（北西）を守護する王城鎮護の役割を担っていただろうと思われますし、中世から近世においては武神としての性格も帯びていただろうと思います。先ほど紹介しました『祠曹雑記』の巻二十四には、江戸芝に祀られる愛宕は京の愛宕を勧請したものであり、その本地仏勝軍地蔵菩薩を祀り、その法が行われているために武士の信仰が篤かったこと、芝愛宕に伝わる伝説として、祀られている勝軍地蔵は本能寺の変に際して、泉州堺にいた徳川家康が紫香楽の多羅尾四郎右衛門により帰途の守護を願って与えられたものであるとともに、小野村の神證という僧侶を召して勝軍地蔵を供養させて無事三河に帰ることができたこと、その後家康が戦いに出るたびに神證が勝軍地蔵の法を修して勝利を得たと伝えられていることなどが記載されています。このように戦いに勝利するための武神としての信仰を窺うことができ、それが本地仏の勝軍地蔵と、それを本尊として修める修法に由来するものであることが理解できます。けれども勝軍地蔵やその法については、さらに検討を加えなければならないのですが、後日を期したいと思います。

ただし、愛宕大権現がなぜに火防神としての性格に特化していったのかは問題として残るところですが、現在までのところ明確な答えを出すことができません。しかし、近世の江戸の町ではとくに冬場に火災が頻発しており、近世までの消火の方法が、燃えている建造物を壊す破壊消火であったため、その被害は甚大なものになっています。京都の災害史については調べていませんので何ともいえませんが、おそらく京都の町人にとって最も恐ろしい災害のひとつが火災であると強く意識され、それが愛宕権現の性格が火防神に特化してきた要因のひとつなのではなかろうかと推測しております。

さらに推測を逞しくしてみることにします。先に中主町安治の愛宕山信仰を紹介しましたが、そのなかで「二歳までに愛宕山に参詣すると、一生火事にあわない」という伝承がありました。しかし他の地域では三歳までといわれているようです。これは幼児期の参詣ということになります。こうした幼児期の山岳への参詣が、東日本の場合、津軽の岩木山、佐渡の金北山、伊豆大島の三原山などに伝承されています。ただし、それらの山では七歳になると登拝するといわれており、愛宕山の三歳までとは異なりますが、両者の登拝は七五三という人生の折り目にあたる意味では同じです。岩木山や金北山、三原山などはそれぞれの地方において氏神的存在であり、氏神的性格を示しています。その意味で、愛宕山の場合も、あるいは京の町人にとって氏神的存在ではなかったかと思うわけです。京都の人びとが「愛宕さん」と親しみを込めてよぶことや、「お伊勢に七度、熊野へ三度、愛宕山へは月参り」といわれることも、そのような理解をすることによって、はじめて納得のいく事柄ではないでしょうか。

以上、愛宕山信仰の一端について述べてきましたが、あらためて東日本の愛宕山信仰から再検討したいと思っております。

終章〈全体討論〉愛宕山と愛宕信仰をめぐって

鵜飼　均
原島知子
前田一郎
宮本袈裟雄
渡邊　誠
八木　透（司会）

（二〇〇三年九月二十日）

本書では、これまで執筆者のかたがたに、愛宕信仰をめぐる歴史と民俗について多角的な視座から論述していただきましたが、最終章として、去る二〇〇三年九月二十日に佛教大学四条センターにおいて開催されたシンポジウムの記録をもとに、愛宕山と愛宕信仰をめぐって多くのかたがたが常日頃から疑問に感じておられる問題、あるいは今後ぜひとも検討してゆくべき課題について、討論の様子を収録することにしました。これによりまして、読者諸氏には愛宕山と愛宕信仰に関してさらに理解を深めていただけたらと思います。なお本書収録にあたりまして、シンポジウム当初の記録を大幅に改変しましたことをお断りしておきたいと思います。

二つの愛宕神社

八木●それではただいまから、愛宕神社宮司の渡邊誠さん、武蔵大学教授の宮本袈裟雄さん、前田一郎さん、鵜飼均さん、原島知子さんとともに、愛宕山と愛宕信仰に関しまして、全体討論を進めてまいりたいと思います。なお司会は、佛教大学の八木透が務めます。よろしくお願いいたします。

第一の問題として、現在の愛宕神社、いわゆる愛宕山の山頂にあります愛宕神社と、亀岡市千歳町にあります愛宕神社、通称、「元愛宕」と呼ばれていますが、これら二つの神社の関係について考えてみたいと思います。この問題について、まず鵜飼均さん、いかがでしょうか。

鵜飼●亀岡市の元愛宕ですが、確かに亀岡市千歳町国分というところに愛宕神社があります。建造物としては鎌倉時代の本殿を有しており、重要文化財に指定されています。地元では、この愛宕神社を「元愛宕」と呼んでおります。しかし、はたして本当に「元」かどうかというのは、いろいろな資料がありますが、実ははっきりしたことはわかりません。

どのような記録に書かれているかといいますと、『愛宕山神道縁起』という古縁起や、近世期に出た地誌『山城名勝志』という史料です。この中で、大宝年間（七〇一～七〇四年）に修験道の祖といわれている役行者と、白山の開祖として知られている泰澄が愛宕山を開き、朝日峰に新廟を建てたという記録が出てきます。また『雍州府志』という江戸時代の地誌があります。その中には昔、愛宕神社というのは京都の北の鷹ヶ峰の東隣にあったと書かれています。慶俊という人が今の愛宕山の霊地を開いて移したという記録も残っています。また平安時代の『三代実録』という史料の中には、「丹波国正六位愛当護神従五位下を授く」という記述があります。この中で注目しますのが、「丹波国」という文字です。現在、愛宕神社は京都市右京区嵯峨愛宕町にあるわけですが、あと『延喜式』式内社とよくいわれますが、そこに書かれていますのも「丹波国桑田郡阿多古神社」という記述です。地元ではこれを千歳町国分の愛宕神社を比定しており、このようなことから、亀岡市の愛宕神社が「元愛宕」と呼ばれるようになったのではないかと思います。

その中で唱えられていますひとつの説は、「元愛宕」というのが亀岡にあり、そこから『雍州府志』に出ています岩倉、鷹ヶ峰のほうに移って、そのあと、現在の愛宕神社の場所に移ったのではないかというものです。このようにいろいろな説がありますが、どの説が正しいかということは、なかなか断定することはできません。

丹波国といいましても、いつ丹波国から山城国に変わったかという問題もあります。また、その境界線が平安時代に変わったと書かれている文献もあれば、近世に入ってからと書かれている文献もありますので、そのあたりが今後の調査によるのではないかと思います。とりあえず、「元愛宕」といわれるのは亀岡であり、また鷹ヶ峰のほうにも愛宕神社があったと書かれている史料があるということで、お答えに代えさせていただきたいと思います。

勝軍地蔵と地蔵山

八木　ということは、定説として、この二つの神社の正確な歴史的な関係を規定するのはなかなか難しいということですね。

さて、第二の問題は地名に関わる問題です。愛宕山の本地仏が勝軍地蔵だということは皆さんもよくご存知だと思いますが、勝軍地蔵と現在の地蔵山、ちょうど愛宕山の北にある標高九百四十八メートルの山ですが、この地蔵山との関係はどうなのかという問題です。この問題についても鵜飼さんにお答えいただきたいと思います。

鵜飼　地蔵山には今でも地蔵があります。それは比較的新しいもので、確か昭和の年号が入っている地蔵だったと思います。それは再建されたものなのかどうかよくわかりません。また愛宕山の本地仏が勝軍地蔵ということで、愛宕の後ろの山を地蔵山と名づけたのかどうか、そのあたりもよくわかりません。

私自身も地蔵があるから地蔵山かなという程度でしか

認識していませんでした。今後いろいろな形で資料が出てくれば、また気に留めておきたいと思います。

山頂の巨石

八木◎第三の問題は、愛宕神社の銅の鳥居をくぐったところにある岩についてです。確かにそこには石で囲んだ岩があります。特別な意味のある岩なのかどうか。また、頂上付近には花崗岩のりっぱな石段があります。これは相当な重量の石のようです。どのような手段で、いつごろの時代に、どうやって持ち上げて構築されたのでしょうか。この問題には原島さんにお答えいただきたいと思います。

原島◎鳥居をくぐったところにあります石は亀石と呼ばれており、鳥居本の一の鳥居のところにもやはり亀石と呼ばれる石がありますが、そちらと対で、上り亀石と下り亀石といわれています。いつからあるかというのははっきりわかりませんが、近世の地誌類にはほとんど亀石と書かれており、実際それにお参りしたら楽に上がれるとか、そういうことまでは書いていませんが、そのころからあったことは間違いありません。

また石段についてですが、これもはたしていつからあるのかはわかりませんが、近世に愛宕山のことを書いた絵図が伝わっております。そちらの絵図を見ますと、すべてのものにそういった石段が書かれており、中には何段の石段があるという記述がなされているものもあります。

八木◎少なくとも近世に、どういう方法かわかりませんが、あの石を運び上げた、あるいは何らかの形であそこに石段を作ったと考えることができるということでしょうか。

原島◎はい。そのように思います。もっとも今、愛宕山の参道にも非常にりっぱな石段の階段がたくさんありますが、年号を見てみますと比較的新しいものが多くて、そのあたりは山の手入れや参道の手入れをされているかたがたに、どうやって持ってきたのかをお聞きしてみたいところです。

勝軍地蔵の所在

八木◎次に、勝軍地蔵の所在に関する問題です。これも原島さんにお答えいただきたいと思います。東京にも愛宕山がありますね。その山麓にある勝軍地蔵は大震災で消失して、ブロンズ像が境内にあるということですが、京都の愛宕山の現在の勝軍地蔵の現在の所在について、原島さんお答えください。

原島◎現在、勝軍地蔵さんは京都市右京区の天台宗金蔵寺というお寺にあります。大原野神社の少し山手にある寺院です。境内のいちばん上にお堂が建てられていて、そちらに白馬に乗ったお地蔵様の像が安置されております。それは同様に、愛宕山から下ろされるときに、実は勝軍地蔵だけではなくて、一緒に二つのお像が持って下りられており、勝軍地蔵さんはお厨子に入っていますが、それ以外に、先ほどこちらの中興の僧とされる慶俊さんのお像と声聞地蔵というお地蔵さん、この二体が一緒に祀られています。

八木◎今日金蔵寺にあります勝軍地蔵尊は、基本的には秘仏で、年に一度、四月二十三日にのみ御開帳されています。また、私と鵜飼さん、原島さんは、これまで東北地方の愛宕信仰に関する調査を行ってきましたが、たとえば秋田県・岩手県・山形県・宮城県の各地には、愛宕神社あるいは愛宕社という社が想像以上にたくさんあります。それらのいくつかの愛宕社で、明らかに勝軍地蔵だという、たとえば石の像である勝軍地蔵、それからある社の中にはブロンズか、あるいは焼き物の馬に乗ったお地蔵さんの像が祀られていました。東北地方ではまだまだ勝軍地蔵さんが今も祀られているということで、もし全国をきちっと調べたら、恐らくもっとたくさんの勝軍地蔵が出てくるのではないかという気がします。

ところで、京都の勝軍地蔵の件で、宮司の渡邊さん。勝軍地蔵が金蔵寺に移された経緯や背景に関しまして、ご存じでしたらお話ください。

渡邊◎勝軍地蔵を明治の初めに山から下ろすときに、実は、最初は比叡山にお願いしたのです。比叡山で預かっていただけないかと申し込んだらしいのですが、いろいろな事情があり、宗派の問題をはじめ、いろいろな複雑な事情で断られまして、それでどこかないだろうかと探したら、金蔵寺さんからうちで預かってあげるよという申し出がありました。その当時の責任役員のかたが、夜中にほおかぶりしながら勝軍地蔵を担いで山を下りたという話を先代の宮司から聞いております。

勝軍地蔵の研究は原島さんが専門ですから、お尋ねしたらわかると思いますが、京都市内にはまだ愛宕山の勝軍地蔵といわれているものが他に六～七体あるはずです。私どものほうでは金蔵寺さんにあるのが正真正銘の本物の勝軍地蔵と解釈していますが、「そんなことはない、うちにある勝軍地蔵が愛宕山から持ってきたものだ」とおっしゃっている町内もあります。そこは先ほどの「元愛宕」の話もありましたが、深くは追及しません。

それと、勝軍地蔵は一般的には白馬に乗っておられる地蔵さんですが、愛宕山はご存じのように、和気清麻呂の関係もあって、イノシシがお使いになっています。ですから、地方に行きますと、これは白馬なのかイノシシか、はたまた豚の親分と違うのかというようなものもあります。東北地方にたくさんあるとおっしゃいましたが、東北地方は昔から牛、馬の飼育がさかんで、結局それが馬頭観音の関係もあり、地域性によって白馬がイノシシになったり、そうでなくなったり、いろいろあるのではないかと私は思います。

鵜飼◎ちなみに、先ほど申し上げました、元愛宕にもご神体として勝軍地蔵が祀られております。私は特別に見せていただきましたが、これは木造で、確かに白馬に乗った甲冑を身にまとったお地蔵さんでした。

半僧半俗の坊人

八木◎勝軍地蔵は全国的に思いのほか多いことが、これではっきりわかりました。

次の問題は前田さんと宮本さんにお答えいただきたいと思います。前田さんのお話で、半僧半俗の坊人のお話が出ました。その坊人は修験であると考えてよいのでしょうか。修験であったのなら、いずれの派に所属していたのでしょうか。まずその点について、前田さん、お答えいただけますでしょうか。

前田◎坊人、法師、家来が修験かどうかというのは、実は史料を読んでいるときに絶えず気になっていたことです。私の話は基本的に京都市あるいは亀岡市の地元に残っている史料で組み立てておりますが、地元の史料では修験とは出てこないのです。修験かどうかというのは気になっていて、はっきりしたら出しましょうというつもりで研究を進めているところで、修験側の史料を見ればもっとはっきりするのではないかと思っています。宮本さんのほうがご専門だと思いますので、いかがでしょうか。

宮本◎大変難しいところがあると思いますが、多分、修験道の定義のしかたと関わってくるのだろうと思います。

たとえば、「教派修験道」といわれるような本山派と当山派という立場からいうと、多分坊人あるいは法師の場合には教派修験道とはちょっと違うだろうと思います。しかし、修験道をもっと広く理解しますと、たとえば霊山の中で天台真言に所属している、比叡山の回峰修行、阿闍梨などというもので、それは修験道の中に含めていいだろうと思います。教派修験道の中の、今度は末派修験というものを見ていきますと、田舎に所在する修験者を見ますと、百姓山伏という書きかたもされているものが文献にも登場してきます。里山伏として、あるいは里修験といわれる立場でいうと、愛宕山の法師や坊人というものも広い意味の修験といっても的を外れていないのだろうと思います。

つまり、修験というものをどう捉えていくのかというところと深く関わっていますし、教派修験道の中のまた上下のいちばん末に位置しているという修験者の実態と非常に近いものがあると私自身は思っています。

「塞の神」としての愛宕

八木◎ところで一般に愛宕の神は境界を守る「塞の神」的性格も有するといわれます。愛宕山は山城国と丹波国の境に位置し、いうならば京の都の内と外の境界に祀られているということになりますが、それならば、塞の神としての愛宕が守護する地域は、基本的には都の内部、すなわち京中を指すと考えるべきなのでしょうか。宮本さん、何かお考えがありましたら、お答えいただけますでしょうか。

宮本◎内と外ということで、どちらが内なのか、どちらが外なのかというところは問題になると思います。愛宕山がたとえば王城あるいは京城守護という立場をとっている、それが強調されているということになると、京都のかたが内という立場からそういう言葉が発せられるのだろうと思います。

いずれにしても、愛宕が祀られている所は地理的に境界に祀られることが多いということも、塞の神的な性格が火の神様としての信仰の普及とともに、愛宕信仰の普及に関してひとつの役割を担っていたのではないかと考えています。

愛宕と樒

八木◎次の問題は、愛宕山について考えるときに非常に重要な問題だと思います。それは、愛宕山と樒（しきみ）の関係についてです。なぜ愛宕山では樒を受けるのでしょうか。これは難しい問題だと思いますが、まず、宮司の渡邊さん、なぜ樒なのでしょうか。お考えをお聞かせいただけたらと思います。

渡邊◎別に難しいことはありません、ごく単純です。山の上に榊はありません。ただ、それだけです。樒といいますのは、漢字では「木へん」に「密」という字を書きます。別に「四季実」とも書きます。つまり四季に芽が出る、あれはすごく強いのです。その反面、猛毒ですが、昔から薬と毒は表裏といいます。神社がそもそも榊を使って、玉串、もしくは神殿にお供えするというのは、榊も常緑樹で常に緑の葉っぱがあり非常におめでたいといいますか、ときわに繁栄を象徴するという意味で榊を使っています。地理的条件、気候的条件から榊がないところはそれに代わるものを使っています。たとえば北海道に榊はありません。青森県にも多分、榊はないと思います。というように、その場所によって、それを代用する植物が決まっていたのだと思います。

愛宕山の場合は、山頂にあるものといえば樒です。その樒というのは今でこそ、仏花となっていますが、昔、あれは土葬の時代に、獣が埋葬したあとの遺骸を荒らさないためにお墓に樒を植えるようになったのです。といいますのは、樒は猛毒で匂いがあります。ですから、自然の動物たちはおのずとこれは毒か、大丈夫か見分けます。ですから、お墓に樒をお供えするという今日の風習はそこから発したのだろうと思います。というわけで、山の上には榊がないから樒を使っています。それと、明治の初めまでは神仏混淆、もしくはお寺さんの勢力が中心でしたから、当然、樒が榊の代用をしているというわけです。

八木　大変明解なお答えです。私もそうだと思います。京都では、樒は非常にさまざまなところで使います。樒は、京都では「花」と呼びますので、必ず神社では榊でなければならないというのは、逆に先入観として捨てなければいけないのではないかというのは、以前から私も思っていました。

ところで、鵜飼さん、あるいは原島さん、樒のことで何か一言ありましたらお願いします。

鵜飼　今、宮司さんが言い尽くされましたので、言うことはありませんが、樒は実がなり、猛毒だから「悪しき実」から「しきみ」という名前がついたと聞いたこともあります。

今、地名で樒原とありますが、あのあたりは昔、樒が自生していたと聞いていますが、その地名自体はずいぶん新しく、昭和に入ってからです。昔は原ですので、地元のかたは樒原というのではなくて、以前の地名である原と呼ぶことが多いです。あと、平安時代の古歌に「愛宕山樒原に雪積もり花摘む人の跡だにもなし」という歌もあるようですし、けっこう自生はしていたのではないかと思われます。ただ、ここに歌われています樒原というのは地名の樒原を詠んだのではないということです。

原島◎愛宕山の参道にある花売り場について少しお話をさせていただきたいと思います。現在はあまり開けておられませんが、参道の途中に花売り場という場所があり、そこでは水尾村のかたがたが樒を売っておられました。

この樒ですが、みなさんのお宅にかまどがあるころは、毎朝、一枚ずつ樒の葉っぱをくべて火伏せを拝んでいたものだとお聞きしています。このような習俗は、現在の聞き書きで聞けるだけではなくて、近世の資料にも書かれており、近世中期の『愛宕土産』という愛宕山についていろいろ書かれた本がありますが、その中に樒の葉っぱをかまどにみんなが毎日くべるが、あれはいったい何なのだという質問があり、それに対して、毎朝、火に葉っぱをくべると、そのことで愛宕山の樒だと思い浮かぶ、そのことによって火事を防げることが愛宕山のご利益であるという言いかたをされております。

実際、樒はかなり神聖視されており、愛宕山の樒は枯れても葉っぱが落ちないとか、風邪のときに煎じるといいとか、味噌に入れると虫がつかない、これは匂いの関係だと思いますが、そのような形で大事にされているところが多いようです。

「伊勢へ七度、熊野へ三度、愛宕さんへは月参り」という古歌がありますが、そちらの中で愛宕山には月参りに行きます。毎朝、葉っぱをくべるわけですから、少なくとも樒には三十枚の葉っぱがないといけないということで、水尾のかたからお聞きしたところ、必ず三十枚以上の葉っぱをあるものを出すのだそうです。現在、神社ではどうされているのかは、わかりませんが。

愛宕信仰と秋葉信仰

八木◎次の問題も非常に重要だと思います。それは、愛宕信仰と秋葉信仰の関係についてです。静岡県にある秋葉神社は、愛宕と同様に火伏せの神として崇められ、そうとう広い信仰圏を有しています。関西にも秋葉神社という神社は相当数存在します。この両者の関係は歴史的にどのように考えればよいのでしょうか。宮本さん、よろしくお願いします。

宮本◎愛宕と秋葉の関係は同じように火伏せということですが、歴史からは多分、愛宕のほうが火伏せとしての信仰は古いのだろうと思います。秋葉のほうはもっと遅れて、それが普及していくのは近世から近代で、そのころ、はやり神的に普及していったようです。

もう一点、秋葉神社の火伏せ信仰の普及の背景に大変興味深いことがあります。近世に「おかげまいり」というのがあります。伊勢のお参りです。「おかげまいり」や「ええじゃないか」がさかんになっていく時期に、東海道において秋葉神社のお札がたくさんまかれているのです。それがその当時の解釈では、伊勢の神様と結びついてお伊勢へ行きなさいという催促なのだということで、秋葉の神様のお札が降ってくると、「ぬけまいり」といって若者たちが抜けて、伊勢にお参りするということがよくあったという研究もなされております。

ですから、愛宕の火伏せの信仰は歴史的にはもっと古いのだろうと思いますし、秋葉のほうが新しいと考えております。同じように関東においては、日光の古峰ヶ原の古峰神社も、東北地方では火伏せの信仰として考えられています。秋葉も愛宕も古峰神社も、天狗というものがその背景になっているというところが共通していると考えております。

武神としての愛宕

八木◎宮本さんにもうひとつお聞きしたいのですが、たとえば竹内流という古武術の流派では、愛宕を守護神とされているそうです。このような日本の武術と愛宕が結びつくのは、いつごろからなのでしょうか。つまり、愛宕の神はいつごろから武神として信仰されるようになったのでしょうか。この問題につきましても宮本さん、よろしくお願いします。

宮本◎いつごろからという点に関しましては、正確にはお答えできませんが、いろいろな何々流という武道を見ていきますと、たとえば修験の山岳、どこどこで修行をして会得したという、そういう武道は山の信仰とより深く結びついています。愛宕だけではなくて、たとえば戸隠や柳生、あるいは鹿島流も山岳の神様の神意を得て新たな武術を会得したということで、そうした信仰と武道は非常によく結びついています。そのひとつとして愛宕の神様がいるのだろうと思います。それがいつごろかということは、私はくわしく見ておりませんので、現在お答えはできません。

八木●この問題について、渡辺宮司さん、ご存じでしたらお答え願います。

渡邊●修験者が天狗になる。たとえば、京都ですと愛宕の天狗よりも鞍馬の天狗さんのほうが一般的です。というのは、橋の上で牛若丸と何だかんだという話が有名ですから。天狗さんが修験者のなれの果てというと語弊がありますが、修験者のある程度の域に達した人が天狗さんになり、天狗までいかなかったかたが自分の流派を開き、それがたとえば拝一刀という流派のもとになったと考えるのが一般的だと思います。

もうひとつ、これは蛇足ですが、愛宕聖(あたごひじり)とか清滝川聖(きよたきがわひじり)という修験者のグループがいたようです。聖というのは聖徳太子の「聖」という字を書くわけで、名前は聞こえがいいですが、実際はかなりあくどいこともやっていたようで、たとえば京都の町に下りていって、「おまえのうちはここ最近、愛宕山へお参りしていないだろう。そのままだと町中で火事が起きるぞ」と脅迫的なことをやっていたケースもあったようです。人間、あめとむちの両方を使い分けるというのは昔からの知恵ではないでしょうか。そのように私は考えています。

八木●この問題との関係で、前田さんにお答えいただきたいのですが、愛宕の坊人はなぜ帯刀を許されたのでしょうか。坊人が名字帯刀、とくに帯刀を許された背景について、前田さん、よろしくお願いします。

前田●大変難しい問題だと思います。たとえば修験で帯刀するかどうかということをいえば、修験は帯刀しているはずです。ですから、坊人が修験だとすると、坊人が帯刀しているのは修験であるからという説明が一応はできるのではないかと思います。

私の話は基本的には愛宕山と村という関係ですので、村の中では百姓と同じように住みながら、百姓ではない、愛宕山に属する僧侶であるということで、百姓と同じ部分と、百姓とは違うという部分で、身分を視覚的に表す必要があったのではないかという気はします。

百姓の中でも、江戸時代以前は侍であったという由緒を持つ家があり、たとえば中世は侍であったという人が江戸時代に百姓になったと。そういう人がたとえば坊人などになっていくと、先ほどの宮本さんのお話ではありませんが、坊人の中で何らかの区別があったかもしれません。それは史料的には出てこないのですが、私の話の中では、家来というのは全体的なことを表すとともに、坊人と家来というのを分けるとすると、坊人より家来のほうが身分は高い。それが名字帯刀を許されているということがありますので、坊人、法師、家来は同じような身分ですが、中を見ると名字帯刀などで区別がある可能性が高いということです。

愛宕と火祭り

八木◎次の問題は、多くのかたがたからよく聞かれるのですが、愛宕の火祭りである「松上げ」と、京都近辺で行われています多くの火祭り、たとえば著名なものとしては、京都の三大奇祭のひとつでもある鞍馬の火祭りとの関連性についてです。

この問題に関しまして、私がお答えすることにしましょう。私は鞍馬の火祭りは愛宕信仰と直接の関係はないと思います。鞍馬の火祭りの松明の意味は、明かりをともす、つまり照明の機能と、火によって道を清めるという意味が合体した松明だろうと思いますし、明治以降いろいろな解釈がなされて変化していますが、松上げと鞍馬の火祭りは同じものではないと考えるべきだろうと私は思っています。とくに愛宕信仰との関連において、この辺も確かに鞍馬の火祭りには起源に関していろいろな説があって難しいのですが、少なくとも松上げと同じ意味の松明行事であるというのは考えられないと思います。

愛宕と他界観

八木◎さらにもうひとつの問題は、山岳信仰、とくに「山中他界観」と地蔵信仰の関係についてです。これは非常に難しい問題です。私は少なくとも愛宕の信仰といわゆる他界観、確かに愛宕の山麓には化野（あだしの）がありますし、愛宕という同じ文字で愛宕郡（おたきぐん）の「愛宕（おたき）」という字で別の読みかたをするという、地名の問題にも関わります。愛宕の信仰とその山麓の葬地の存在とは、基本的には切り離して考えるべきだと私は思っています。

　つまり、愛宕は何か他界観との関わりがもともとあって、その山麓にお墓ができたという考えではなくて、それは結果的にそうなっただけで、愛宕の信仰に他界観というものはまったくなかったと言いきれないかもしれませんが、少なくとも、愛宕は他界であるという意識が前提にあって愛宕信仰が広まったということはちょっと考えにくい。少なくとも他界の問題と愛宕信仰は分けて考えるべきだろうというのが私の基本的な考えです。

　ところで、原島さん。「あたご」と「おたき」の問題も含めて何か一言コメントを頂けたらありがたいのですが。

原島◎この問題に関して、実は、宮本さんにお聞きしようと思っていたところです。

　宮本さんは地蔵と愛宕山の関係として、「塞の神」という性格を指摘されましたが、これまで、愛宕山と地蔵の関わりを背景として、たとえば化野があってその背後に愛宕山があるというような、つまり愛宕山の地理的な位置づけとして、山中他界観や祖霊信仰などと関連づけて説明されることが多かったように思います。それについては、宮本さんにどのようにお考えでしょうかとお聞きしたいのですが。質問を投げてしまいまして、すみません。

宮本◎私は、山中他界観や、古くから風葬が行われたようないわゆる化野や鳥辺野（とりべの）などという葬送の地と、愛宕山や愛宕信仰の関係については、先ほど八木さんがおっしゃったように、直接見ないほうがいいのではないかと思います。つまり、現世の世界と他界という、ちょうどこの愛宕の辺り一帯が、周辺地域というとらえかたをしていって、祖霊がゆく山という展開を示していかない。むしろ、愛宕の信仰が火伏せに集約されており、祖霊や他界観というものは表出していないというのが、私のひとつの感じです。むしろ、それよりも境界の守護神としての塞の神というのが、愛宕の信仰が展開していく背景にあるのではないかと考えています。

ですから、古代からの葬送の地や山中他界観と、愛宕山の信仰の展開とは切り離してお考えになったほうがいいのではないかと思います。

八木　愛宕山と愛宕信仰をめぐるさまざまな疑問に対して、わかりやすくお答えいただきました。おかげで、さらに理解を深めることができたのではないかと思います。まだまだ探求すべき課題は山積みですし、また、たくさんの謎が残っておりますが、残念ながらそろそろ予定の時間が参りました。このあたりで全体討論は終了させていただきたいと思います。長時間シンポジウムにおつきあいいただきまして、本当にありがとうございました。これでお開きにさせていただきます。

◉補章

愛宕神社の建築

矢ヶ崎善太郎

京都愛宕山山上に鎮座する愛宕神社および旧白雲寺の境内に現存するいくつかの建築について、現状の記録と境内景観の変遷をたどることを目的に調査を行いました。標高九百メートルの山上へは、林道を利用してかなりの標高まで自動車が入るとはいえ、その行程はなかなか厳しいものがあり、実測機材の運搬の困難さなどに阻まれて、調査作業はいまだ完了にはいたっておりません。建物の造営事情や境内景観の変遷をたどるための史料調査も不十分な状態でありますが、愛宕神社本殿を中心としたこれまでの調査で得た知見を報告します。

❖参道の花売り所と惣門

清滝からの表参道と水尾からの参詣道が出会う通称「水尾分かれ」から道をひとつにして北上すると、まず目にする建物が花売り所です（写真1）。入母屋造銅板葺平屋の小さな建物で、普段は戸が閉められた状

写真１　花売り所

態になっていますが、かつては愛宕の神花である樒が売られていました。参道側正面中央の柱間には店棚が設えられています。

花売り所からゆるい切石の石段をのぼり、路傍に石地蔵を見ながら進むと、時おり左手が明るくひらけ、亀岡盆地の景観が眼前にひろがります。天気のよい日には大阪の高層ビル群が見えることもあります。参道脇には小さな平地がいくつか確認でき、鉄筋コンクリート造の構造物が残っています。かつての茶屋の址なのでしょうか。往時には腰を下ろしながら汗をぬぐう大勢の参詣者でにぎわっていたのでしょう。さらに木馬道をのぼりつづけるとようやく惣門にたどり着きます（写真2）。「黒門」と通称されている門です。形式としては典型的な高麗門（こうらいもん）、すなわち本柱二本が切妻の屋根を支え、背面両側に直角に出た屋根があって控え柱を覆う形式です。またここでは本柱の左右にも小さな屋根をつくり、向かって右には木戸を開けています。通称のとおり全体が黒ずんで古風な印象を受けます。宝暦五年（一七五五）の年紀銘のある「愛宕山ノ画」（国立公文書館蔵）で、白雲寺の住坊の手前に描かれている門がこの惣門にあたるのでしょうか。ただし、描かれている門は高麗門の形式ではありません。惣門の正面両側に二基の常夜灯が立っています。また門手前で石段を形成している切石のひとつに石柱を転用したものがあり、正面に

写真２　黒門

写真３　石柱を転用した石段

「摂州大坂住人　山中氏之宗　同氏宗利」の文字が認められます（写真3）。

❖旧白雲寺境内

惣門から石段と木馬道のゆるい坂をのぼると、やがて道の両側は石積みの塀に囲まれてきます。周辺に立つ永代常夜灯には明和四年（一七六七）や享保十年（一七二五）の銘が刻まれていることがわかります。このあたりが十八世紀の前半から中ごろにかけて整備されたことを物語っているのかもしれません。大きな円形のコンクリート基礎は鳥居の跡でしょう。脇に立つ石碑は大正大礼を記念したものです。二十段の石段をのぼり八角形の大きなコンクリート基礎を両側に見ながらさらに十五段の石段をあがると、いよいよ参道は幅を広げいっそう平坦になって旧白雲寺の中心部分にさしかかります。ここからは愛宕神社の本殿にいたる急な石段に向かって、一直線に石燈籠が立ち並んでいます。

かつてこのあたりは白雲寺境内で、勝地院や大善院、福寿院といった住坊が軒を並べていたところです。「愛宕山ノ画」（前出）でもそれが確認でき、江戸の末期まで存在していたと伝えられています。神仏分離令によって白雲寺は廃絶し、今は参詣者が足を止めてベンチに座り、お弁当を広げながら眼下に京都の盆地を眺める広場になっています。

参道の左手に社務所のほか、休憩所や便所、倉庫などが建っています。社務所は大きな民家風で、広い土間の屋根に煙出しをそなえた建築です（写真4）。寺院の庫裏のような建物であることからすれば、白雲寺の時代からあった建物とも考えられましょう。正面には唐破風の玄関をかまえています。

写真４　社務所

❖銅鳥居と神門

右手に大きな休憩所を見て通り過ぎ、百三十二段の急な石段をのぼり

図１　銅鳥居と神門（イラスト野村彰氏）

写真５　金燈籠

ます。途中、踊り場の両脇に立つ金燈籠は、基礎に見事な浮き彫りを施し、火袋には繊細な透かしを彫るなど、手の込んだ秀作です（写真５）。竿の刻銘から貞享三年（一六八六）に摂州大坂住の須賀氏より寄進されたものであることがわかります。

　百三十二段をのぼりきったところが銅鳥居で、さらに十七段の石段を経て神門にいたります（図１）。銅鳥居の、向かって右の柱根巻に次の文字が刻されています。

三条釜座鋳物師大工
棟梁藤原加賀光政作
釜屋藤原對馬守久作
藤原甲斐守國冨作
藤原藤右衛門尉国重作
釜屋
　藤原太良五郎國次作
神前大工
　山田甚太郎藤原宗家

また、向かって左の柱には次の文字が刻されています（写真6）。

写真6
銅鳥居の左の柱に刻された文字

奉重建
（中略）
寛永九年歳舎壬申冬十一月十六日
願主　中川内膳正源朝臣久盛
監事　　勝地院法印行海

これら文字のほかに、両柱には阿吽（あうん）の形相を呈したイノシシが浮き出されています（写真7、図2・3）。

以上から、この鳥居が中川内膳正源朝臣久盛の願い出により、白雲寺の住坊であった勝地院の行海法印を監事として寛永九年（一六三二）に建

写真7
銅鳥居の両柱に浮き出ているイノシシ

図2
銅鳥居向かって右の柱のイノシシ

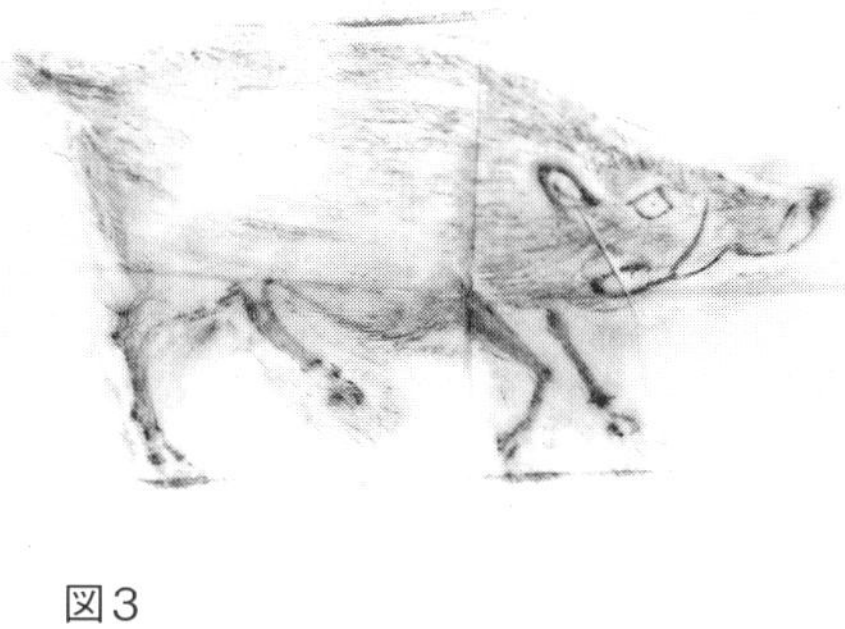
図3
銅鳥居向かって左の柱のイノシシ

立されたもので、三条釜座の藤原加賀光政なる鋳物師大工を棟梁として鋳造されたものであることが判明します。

銅鳥居の正面が神門になります。手前に脇道があり、九基の朱鳥居が立ち並んでいます。これは稲荷社に通じる参道です。稲荷社は店棚流造の小さな社です。神門は切妻造銅板葺の新しい建築で、正面に唐破風を付した向い唐破風の形式をとっています。背面には唐破風はありません。

神門をくぐりさらに八十九段の石段を上るとようやく本殿前の授与所（神勤所）に到達します。

❖本殿と覆い屋

授与所から切石を四半（正方形の切石を四十五度方向に斜めに敷き詰めた形式で、これを四半敷きといいます）に敷いた通路が本殿前の神饌所に向かってまっすぐのび、桧皮葺の屋根が覆っています。傍らには神明社と熊野社の小さな社が座しています。神饌所の奥が拝殿で、さらに本殿とつづきます。本殿部分は大きな覆い屋の中に納められています。これは山上の厳しい自然条件から本殿の建物を守るための工夫でしょう。

本殿は稚産日命、埴山姫命、伊弉冉命、天熊人命、豊受姫命の五柱を祀る、正面の柱間が五間もある大規模な社殿で、流造という形式をもち、南面して建っています。奥行きは柱間三間、正面寄りの一間のところに開き戸を建てています。柱は円柱で、亀腹の上に立ちます。四周に高欄付きの縁がまわっています。縁の上に二段の縁長押がまわり、その上は腰長押、内法長押をまわしています。柱の上部は頭貫に台輪をのせています。出三斗という形式の組物で軒の出を支えており、中備（組物と組物の中間の位置）に刳抜蟇股を置いて軒下をにぎやかに装飾しています（図４）。本殿の正面には向拝という屋根を付して二本の柱で支え、正面の階を覆っています。向拝の柱は角柱で中備の中央に三斗を置き、その両脇に竜を彫り出した蟇股をそなえています（写真８）。木鼻（柱の両端に突き出した部分）に獏という想像上の動物をかたどった彫刻を付し、向拝の柱の裏側には天井に添って繊細な籠彫り風の彫刻をつけています。これを手挟といいます（写真９）。

本殿を覆う覆い屋は、入母屋造桧皮葺、正面柱間九間、奥行柱間八間の堂々とした建物です（写真10）。すべて角柱で、柱間には連子窓をあけ

図４　本殿（イラスト野村彰氏）

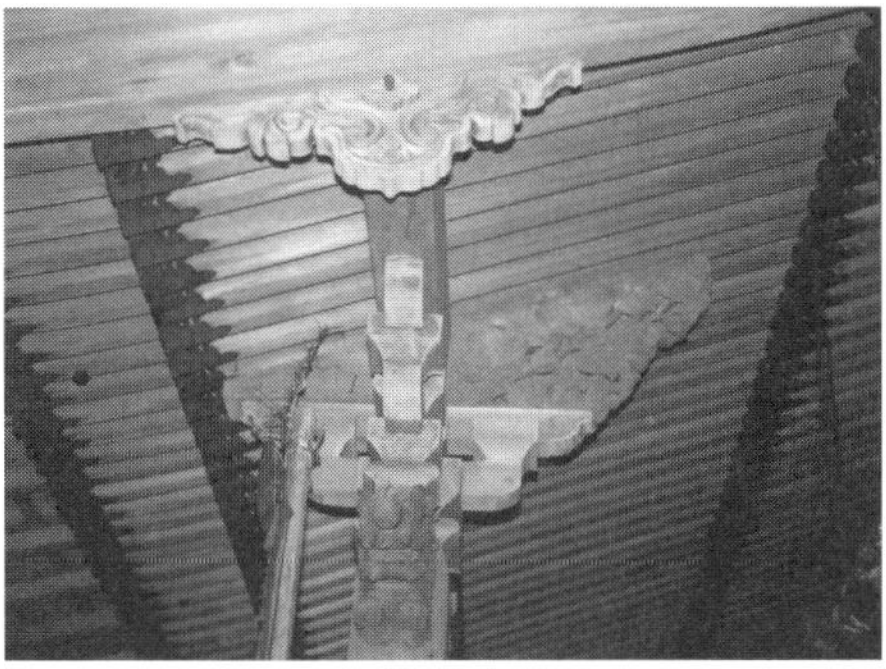

写真９　本殿向拝の手挟

写真８　本殿向拝の蟇股

写真10　本殿を覆う覆い屋

ています。内部は一面に化粧屋根裏（水平でなく、まるで屋根裏のような天井）で、中に鎮座する本殿の屋根は覆い屋の屋根裏に入り込んで、覆い屋の構造と一体化しています（写真11）。

拝殿部分の天井は、格縁という材で四角く区画し、その中をさらに細い部材で細かく区分けしています。

写真11　覆い屋の構造と一体化した本殿の屋根

このような天井を小組格天井といいます。さらに天井の壁際を見ますと、天井と壁が交差する部分にS字型をした部材が等間隔に付いています。折上天井という形式です。したがって拝殿部分の天井は折上小組格天井という格式の高い天井になっています。両側面の柱間二間分のところに双折れの桟唐戸を建てています。

神饌所のまわりでとくに目をひくのは欄間や柱間の彫刻です（写真12・13）。彫刻の題材を順番に見てみましょう。南面する欄間の西から順に、鳥に樹木、波に鴨、鳳凰に樹木、波に鳥とスイセン（?）、菊に鷹（?）、孔雀に樹木、楓に鳥、鳥に樹木、が題材になっています。また北面では西から順に、孔雀に花木、笹にイノシシ、竹、雉（?）、菊に鳳凰、怪獣、怪獣、龍、鳳凰に波、松に雉（?）、梅、鳥に花木、です。これらのほかにも柱間にイノシシが彫り出されています。題材も豊富で、じつにみごとな彫刻です。

本殿の北西奥に若宮社と奥宮社が座し、神饌所と廊下で結ばれています。若宮社は正面の柱間が三間の流造で、覆い屋と一体になった建築です。雷神、迦倶槌命、破无神を祀っています。奥宮社は正面柱間五間の流造で、厳島社三柱、水分社一柱、護王社一柱、太郎子社一柱、大国主社一柱、司箭社三柱、日吉社二柱、春日社四柱、蛭子社一柱の計一七柱を祀っています。

写真12　神饌所まわりの欄間（竹）

写真13　神饌所まわりの欄間（菊と鳳凰）

本殿裏に蔵が建ち、その周辺の空き地に多くの石燈籠が立っています。宝永三年（一七〇六）や正徳元年（一七一一）、同二年（一七一二）などの年紀が確認でき、いずれも十八世紀の初頭のものであることがわかります。このころ社頭が整備され奉納されたものと推察されます。あるいはその後に境内が整備されたときに、ここに移されたものかもしれません。

愛宕神社本殿の建築のついては、江戸時代の後期ころに造営され、昭和に入って改修が加えられたとの伝えがある以外、造営に関わる確かな史料はいまだ見出せていません。しかし境内には寛永九年（一六三二）にまでさかのぼる銅鳥居や貞享三年（一六八六）の金燈籠が現存するなど、十七世紀ごろ多くの信仰を集めていた痕跡を残していることは貴重です。また、十八世紀に社頭の景観が整備された可能性をうかがうこともできました。本殿やそのまわりの建築にみられるみごとな装飾彫刻は当社の建築の価値をいっそう高めているといえるでしょう。愛宕山の山上という造営困難な立地にも関わらず、このような大規模かつ精緻な建築が造営されたのは、当時の人たちの愛宕神社に対する篤い信仰心の賜物であるといえるでしょう。

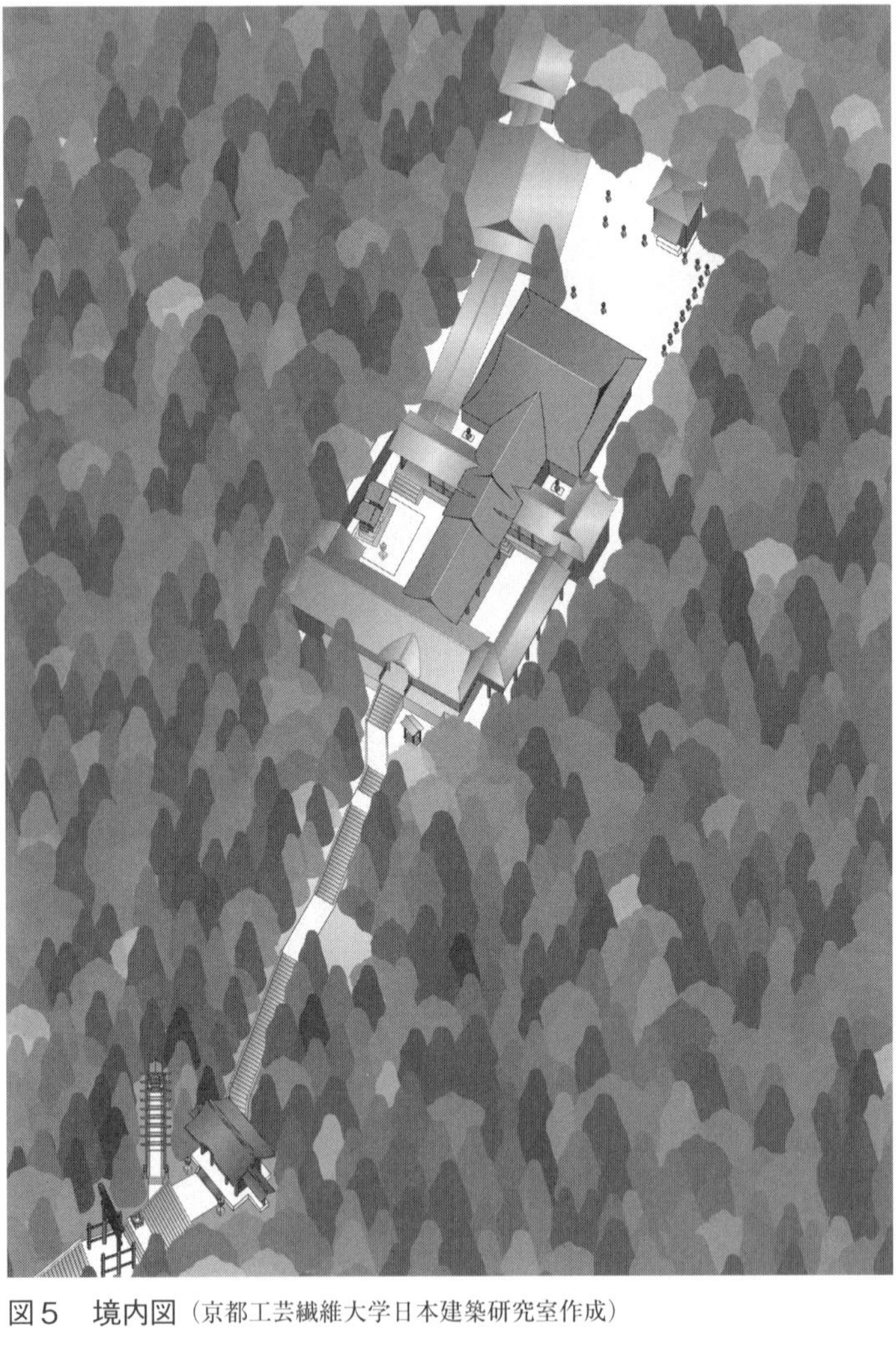

図５　境内図（京都工芸繊維大学日本建築研究室作成）

エッセイ

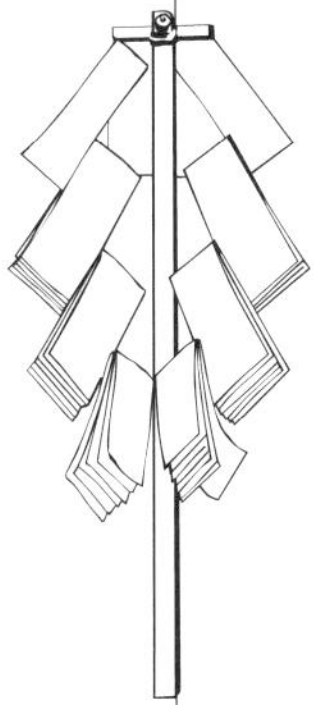

し・ん・こ・う

愛宕神社宮司　渡邊　誠

雑談に「信仰」についてという以前に、現代人は「信仰」なる心を持っているのか？ 今や一部の人間、特殊な人びとの間でのみ「信仰」が存在するのでは？と思われる時がある。かといって「信仰」はむつかしいものではないはず。一般的な国語辞典で「信仰」を見ると――神仏などを信じ尊ぶこと。信心――信心か。ではその信心って？――信じて祈ること。信仰心――なるほどなあ、信心というと「鰯の頭も信心から」が頭に浮かぶ。現代人、とくに若い人は、鰯をイワシと読みとり、魚体を識別できぬから、これまた雑談のネタになる。寿司屋の湯呑みに魚ヘンの漢字がたくさん書いてあったっけ！ それに店先に切り身で売られている魚が中心の昨今では、魚の名前こそ表記されているが、魚として個々の名前は当然わからないし、時には表記の名と切り身が異なる（偽る）場合まであるから――な。したがって魚や野菜を調理する、まな板や包丁のない家庭が多くなって来たわけなのか。

信心には人を信じる場合も当然あるはずで、社会生活の中では、必要不可欠なものと思ってきたが、マスコミにもてはやされてうまく便乗した人、カリスマ的なワザを身につけ上手にパフォーマンスした人が信心対象となっている。これはまた、非常に結構な世の中になったもので、信心は宗教に限定されぬ。むしろ宗教として位置づけせぬ方が、自由な誰もが持つ信心となるのでは！

ところで、カリスマなる言葉、新語・造語のたぐいかと思ったが、ギリシャ語で神の賜物と訳され、超人間的、非日常的な資質。M・ウェーバーは「カリスマ的資質を持つ者と、それに帰依する者との結合をカリスマ的支配とし、指導者による支配類型のひとつ」と。英雄や預言者などに見られるらしいが、便利な言葉として定着するわけで、多少のニュアンスの差こそあれ、修行により宗派を起こした名僧＝高僧も、当然ながらこのカリスマの一人になると思う。

そういえば、現代版のカリスマ的な親父を一人知っている。この親父に対して信心までは持っていないつもりだが、信用のできる人とは思っている。作詞・作曲をし、舞台演出もコーディネートし、一種の哲学を持っているこの親父のライブを見に行き、聞いていてファンになった。この親父、アイヌ名アドイ（あとうぃ）といって海という意味を持ち、和名は豊岡征則。独自でギターを習得し世界三十ヵ国以上の放浪体験から、それまでの古歌に新しさを加味したモシリ詞曲舞踊団を一九八一年旗揚げし、全国にファン（リピーター）を持つ。赤塚不二夫、坂田明などの芸能人から、大学の教授、芸術家と有名・無名関係なくファンが多く、単なるファンではない信心をも持っているように見受ける。

自分は単にハマってしまったわけであるが、彼を通じてまず、アイヌと和人という壁が最近まで作られていたことを知った。それが北海道において、今も多少のこだわりとして残っていることに驚いた。和人といっても移住して百年少しの社会なのに――。アイヌの人びとは、日本民族の祖先（北方説）という話は別にしても、先住の人びとであるわけだから、生活環境に適し、科学や文明のワク外にも精通している達人集団と思う。自然を神（カムイ）として崇める姿は、現代人が忘れてしまった自然に対する崇敬の念、人間として持つ感覚を持ち続けている。都会に多いコンクリート＝人工漬けされた社会では、人間が万物の中で一番という誤った考えが習慣化し、それが普通になっている。それに対する警鐘として災害がある。災害には、天災と人災があるといわれているが、結局は人災が大部分を占めることになるのではあるまいか。

モシリのライブにハマった一人、千石正一氏は「地上の生物は約三百万種、自然淘汰により絶滅していくのは、百年に一種類程度だったのが、近年では一分に一種類の割合で絶滅しているだろう」と。つまり、このことは社会の急激な変化によって環境が大きな変化を、それも今や地球規模にいたっているということで、身の回りでも花から小鳥、小魚など、比較的弱いものが、そして人間が鑑賞など好むもの、一番大きな食用になるものと姿を消している。景色からして様変わりの場合も多い。当山（愛宕山）から望まれた富士山は今や伝説になったし、手近な伊吹山ですら見える時が少ない。淡路島も、大阪湾も今では見られないから、夏の花火大会などにも影響して見物できなくなった。春先に強い、多い黄砂も大陸から飛んで来ているが、砂だけの時代はよかった。今や、自分で自分の首をしめている生活をしているから、回復は不可能にという学者もいるほど、汚され狂ってきている。幸い（？）にして、それに無知な人が多いから、気づかぬわけである。

写真１　二十世紀絶滅種鎮魂祭
（平成16〔2004〕年9月20日伊達にて）

今から五年前、信心を集めているアドイが「この二十世紀ほど、人間が絶滅に追いやった動物や植物が多い＝集中した世紀はない。人間は先祖を供養するが、人間の勝手な都合で絶滅に追いやった動物、植物は放ったらかしで忘れ去られている。それなら、慰める何か――祭り――をしよう」と提案し、鎮魂祭としてスタート。昨年は第五回が北海道伊達市において、ビックリドンキーのアレフ庄司社長担当にて開催された。庄司社長は第一回から参加し、アドイ信心の代表格と思う。神式とアイヌ式の祭りから始まり歌や踊り、楽器演奏の奉納、最後は参加者が持ち寄ったものを共に食す、という組み立てである。アドイの意図することは、この鎮魂祭が各地で催されるようになって、絶滅した動物・植物に対する思いやりにと発展して、自分たちの生活を見直すようになってくれたら！ということか。それならというわけではないのだが、当神社の神事（行事）に入れようと思いつく。去る平成十五年に御鎮座壱阡参百年をぶじ過ごすことができて、次の千四百年にむかって当神社の特色のひとつにすべき意図がある。四月二十九日、みどりの日に、当社では鎮魂祭を中祭にて執行していく。

なお、余談ながら第一回となる本年の鎮魂祭には、祭後の奉納演奏にアドイのギターとアイヌ詞曲舞踊団「モシリ」の代表者シノッチャキ房恵のボーカルに、パーカッションの第一人者で音の持つ魂を追求している釧路在の奈良裕之、以上三名による鎮魂曲をお願いした。

＊　＊　＊　＊　＊　＊　＊

ところで、近年は登山者の多いことに驚かされる。熟年、老年が主体で本格的な山登りのスタイル。日本アルプスでも通用する装備を持って登って来られるのだが、何より一番の欠点は、体力と知識の乏しさにある。地理的には京都市内という便利さ、手軽さがあって散歩がてらにという気持ちも加味して、親しまれてきたわけだが、近年登山者が多くなればなるほど、俗言するマナーの悪さがめだち、それがマナーでなくなってきた感にと変化してきた。咲いている花から草木など見つけ次第取って行くから、そのため絶滅してしまった種類も多い。マナーは死語となっているから、これを再教育するのはむつかしいと思う。山があるから登る、それのどこが悪いんだ、と堂々と主張する登山者も結構増加している。百名山から続・その他までの書物（ガイド）も多いから、山に登る人もますます多くなる。

かくのごとき登山者は、ご立派な意見こそ持っている――耳どしま――が、日ごろの運動不足と健康管理の無さから、登山中に異変を生じる場合が多い。いくら世の中、甘えが通り、他人や第三者のせいにするのが当世風といっても、誰かの助けを頼ろうとするあまり、まず自分で考えることを忘れている。山中では、鹿、猪、時には月の輪など先住民は多いけれど、携帯で要請する先は消防署になる。登山者の軟弱さがめだつ昨今は、いくら仕事とはいってもレスキューはたいへんだと同情する。

しかし、注目すべきは「信仰」で登山している人、信心をしている人には、この例はあまりないということである。単なる遊びとして、趣味のひとつとしての登山とは、根本的に気持ちの持ち方が違っているからだろうと思う。

世の中便利になり、住みやすくなってきた反面、人間は弱くなっているから、便利なものに頼ろうとする。何かと便利な「ケータイ」も、どこでも使用できると思い込んでいる無知な者が多く、山の中や大きな湖など自然界では、単なる時計がわりにしかならぬ場合も生じるが、その対応に差が出る。パニックになると高い授業費を払うことになる。

最近の話だが、北海道のある湖でカヌーの転覆事件があった。二つのカヌーが強風で転覆して数人が投げ出され、残ったひとつのカヌーに乗っていた人は、伝家の宝刀たる「ケータイ」で救助を要請しようとした。しかし、使用できず手間取り、救助されるまで余分な時間がかかって、結局死者を出す事故となった。その後現地では、湖上での「ケータイ」使用可能マップを作ることになったと聞く。

だが、問題は強風になるという気象の中を魚釣り目的でカヌーを出す行為である。当地でいうと、愛宕山に黒雲がかかると雨が近いし、明日は天気が悪くなるとか、比叡山から吹く強風（比叡颪）で琵琶湖が大荒れになるとか、地元に住んでいる人たちには、各自の生活体験から知りえた多くの知識を持っている。したがって、まずそちらの方に眼を向け耳を傾けなくては絶対的安全を確保できぬと思われる。人の命を預かる商売に、表向きは自然と共生しているといっても、自然をみくびり甘い気持ちで対応しているから、起こるべくして起きた事故で、油断から起きた事故とは違う。北海道という北の大地では風土にうまくあい自然界とうまく調和してこそ、生活が成り立ち生活できるはずである。自然界に眼を向け自然界を理解する努力をすることが不可欠と思われる。それに気づかぬ者は、この種の事故を繰り返すことになるだろう。

かといって、山に居る（生活している）からと、週末の天気は？　などと電話で問う現象には苦笑させられる。予報士でなければ、山小屋でもなく、神社である。愛宕山は、愛宕神社の鎮座する聖地なのだ。

かつて古都税問題が起こったとき、寺の多くは門を閉めて観光客から参拝者まで一律に締め出しを決行した。観光客をそれ以後断り続けている寺もある。また夜間の立ち入りを禁止している寺や神社も多い。それなりの理由はあるとしても「信仰」や信心に昼夜の別はないはずと思う。「苦しいときの神頼み」から「溺れる者はワラをもつかむ」と真剣に悩んでいる人も存在しており、本当は増加しているのかもしれない。ほとんどの場合、直面した問題が解決すれば、満足し安心する。

要はその次の話で、感謝の念を持つか否かになる。一発勝負的ではしょせん繰り返しになる。問題が解決できたら、喜び、感謝する気持ちを持つこと、それが信心になる。愛宕神社は時間無制限の一般開放。年中無休は当然のこと。だからと図に乗って、国定公園か街中にある広場のつもりで登ってくるハイカー連中には信の一文字もない。来る人拒まずの神道的おおらかさで今日まできたわけだが――。禅寺に見られるごとく観光客は追い返し、宗教的な面だけで過ごしている処もあるから、参拝者以外は入山料を徴収するか、登山者（ハイカー）は全面禁止するなど種々の参考意見が多くなった。四国や西国の巡礼をしている人たちとは異質という意見もある。信の字がない人とある人、もしくは持つようになった人の違いか。

＊　＊　＊　＊　＊　＊　＊

「信仰」にしても信心にしても、生まれつき持っている人は？　誰でもが本人各自の気持ち次第、もしくは努力によっての成果だと思う。修行といわれる行為をするまでもなく、気持ちと態度だけで得られると思う簡単なことなのだ。

昔の話だが、神と会話ができるという御人が居ました。その人は、信心から「信仰」云々というより、自分自身の生活姿勢を根本からやり直すことを目的にして、すなわち修行の道へと入ったそうで、高名の寺に詣ったり滝に打たれたり、冬の日本海での禊など、思いつくことはほとんど実行。高野山、熊野三山、伊勢神宮など有名社寺参拝。そして、当愛宕山へと足を伸ばしたけれど、登山する途中でチョッカイを出す霊が多くそれらを追い払うために、日本刀を持参しての登山を余儀なくされた。それは一年が過ぎたころに解消した、と。チョッカイを出す霊というのは、その社会では一番格下の動物霊で、もののけなどと温和なものでは決してない。それに取りつかれて「信仰」になると面倒だと思う。

登山を始めて、二年か三年目ぐらいから、山上で一週間、十日という滞在型になった。その間いっさい他人の世話にはならぬ生活で規則正しい時間を持ち、終日白衣白袴で昼間は清掃奉仕を、と神社側とすれば都合のよい人として見ていた。あるときお茶を出して雑談をしていたら、真面目な顔で「私は愛宕の神さんのおっしゃることがわかる。問うと答えて下さる。愛宕の大神は、一番強くて偉大な神です。だから、出雲に全国の神々が集まるという神無月でも、愛宕の大神がひと声かけたら、皆が集まって来ます」。

この話をしたころの自分は、多分不惑になる直前あたりで、当然今より若く「茶畑に入らぬよう」心がけていたこともあり、まあ雑談としてのお話程度であった。反面、いつか確かめるテは？　というイタズラ的心になったのも事実であり、それを見すかされる出来事が数ヶ月後に生じた。十日間滞在の最後の日であったと思うが、お茶を出してともに飲んでいると、滋賀県より代参で登って来た数人があり、一人が御祈祷の申し込みをされた。用意のできるまで待ってもらうべく話をして、狩衣を着ようとしたとき、「あの人には、○○という人が守護神として背後に立っている」と！　本当のことなのか——知り合いでも、さ・く・らでもないはず——と、非常に関心が強くなり、真実を知りたい欲求が文句なしに勝って、御祈祷後その人に聞いてみた。「○○？　知らんよ、心当たりもないよ。でも家系図を見たらのっとるかも」とのこと。ならば、帰って見てくれませんか、本当に先祖で実在の人であったら、恐縮ですが夜にでも電話して下さい、とお願いした。その夜、食事をすませテレビに興じている間に、この昼間依頼したことを忘れてしまっていたが、十時ごろ「私の三代（四代だったか？）前に実在していましたよ。世話好きで徳のある人だったそうです」と返事を受けた。当然にして、これ以後はこの御人に対する気持ちも、見る眼も変わった。信用するに値すると思った次第であった。その後、顔を合わせる機会があり、例によってお茶を出して雑談などしていると「こういう力は、世俗的なことに使うことは許されないのです。国家・社会のコトにのみ許されるのです」と聞いた。自分は、宝くじとか馬券とか世俗的なことの方が関心があったけれど、やはりルールがあるのだ、でもそれで当然だろうと思った。何年かたって姿を見なくなり、病気でもと心配するにいたったとき、ある人が「タブーを破ったから、もう登って来ることはできない。もう駄目だろう」と教えてくれた。東京在の大きな会社にコンサルタントとして要請され、引き受けた結果、どうしても世俗的な話になりがちで、それが身を滅ぼす因となったらしい。聞いたときは同情心も持ったけれど、「愛宕の大神は強くて偉大。恐ろしい」という言葉が印象的で今でも心に残っている。職責はどうであれ、自分は大神に仕えているわけである。時には、テヌキしてやろうかと、下等なチョッカイを出されるとき、この話を思い出すことにしているのです。故人となったこの御人は、宗教としてやっていくつもりはなかったわけで、それはタブーがあったからである。教祖となって集団化し、集金に力を注ぐ感が強い新興宗教が群雄割拠の昨今、盲信より信心を得ることを望み、大樹の下に居れば安全で楽な生活ができるのを承知しながら、あえて風当たりの強い一匹狼的な生活を選ばざるをえなかったのも、理解できるし、自分も賛同する生き方である。

＊　＊　＊　＊　＊　＊　＊

一般的には超能力のある人は少ない。元来男性より女性の方が、その要素を持っていると思ってきた。特殊能力というのが正しいとも思う「ミコ」「イタコ」は女性に限られていたと聞くし、手軽？な占いにいたっては美形かユニークな個性の持ち主でないと通用しないとも聞く。この能力は、稀に先天的に持っている人もあるけれど、本人が気づかずにいる場合がほとんどだろう。職業として利用している場合は、まず後天的なものによって得たと思われる人が多い。修行、もしくは修行に類する努力のおかげと——。体験・経験が自信になっていくからである。一言、生意気なことをいうと、女性の場合は感情――精神――の起伏が男性より大きくて、表に出る傾向があるということだ。最も、マスコミが喜ぶのは表に出してくれる方だろうが。

自分を含め周囲に現在のところ、超能力を持った人、また持っていそうな人はない。求める気もないのは正直な気持ちだけれど、信じる一人ではある。世の中では、2＋2＝4とはならぬ場合が多いからであり、「何か」を感じ、「何か」の存在を認識するときがある。国宝の立派な仏像からは感じ得られぬのに、荘厳な神域や自然界の中では感じられるときがある。鳥肌が立つまではいかぬとしても、ごく自然に感じ得られるから不思議である。自分のような凡人には、多分これは「霊」のたぐいだろうと思っている。幽霊は存在せぬ、存在できぬと思っているが、「霊」は存在していると信じているからで「カムイありて人あり。人ありてカムイあり」というアイヌの人たちに共通すると感じる。霊が神なのか否かは追求する気はないが、共通するというより同質とも思われる。近世に入って、いろいろと理由をつけ細分化し続けてきた社会のしくみから当然複雑化した世の中になり、人間として忘れてはならぬもの、見失っては絶対ダメというものを二の次に、ないがしろにして来た感がある。だから、そのツケが回ってきていると確信する症状も起こりつつあるわけだ。だからと、「信仰」は、気休めにはなるとしても助けてはくれないと思う。「信仰」にもタブーがあって当然で、あるべきと思っている。日本は南北に長い地形を有し、四季を持つから自然の中で民族的・民間伝承に起源を持つ身近な話、たとえば、山の神、田の神、水の神、そして火の神などから発生した「信仰」が、人間生活の指針となり、人間らしさを忘れさせなかったと。それが「信仰」も細分化されて山岳信仰――富士山・御嶽山・浅間山・白山・剣山・大山などの山を対象――から、個々の祭神や仏名を対象にした、稲荷信仰・天神信仰・八幡信仰・福神信仰・観音信仰・庚申信仰・弘法大師信仰・鬼子母神信仰・不動信仰・法華信仰・弥勒信仰・薬師信仰・地蔵信仰・金毘羅信仰、さらに伊勢信仰・出雲信仰と「信仰」のオンパレードになっている。まだこのほかにも「信仰」はあるし、分類の項目も多様と思う。逆に「信仰」を持たぬ信仰もあるだろうが、「信仰」にのめり込み自分を忘れ、見失う盲信はすべきでないと思う。井戸端で雑談をするつもりで書いてきた「信仰」についてのあれこれだが、最後になって、どうもまとまりがないと思う。かといって雑談に、まとめはおかしい。

親好心を持って親交すれば、それが「信仰」へと続く道になるかも――！

「信仰」を持ちたい人は、の話である。

あとがき

日本全国で愛宕という名を有する社は、四十三の都道府県で祀られているといいます。これは考えてみると、日本の九十パーセントを越える地域に、愛宕が分布しているということになります。そのなかのほんの一例を紹介しましょう。

柳田国男の『遠野物語拾遺』第六十四話に、愛宕の神が火事を消し止めた話が載っています。遠野の某家で失火があったとき、大徳院という寺の和尚が一生懸命消火にあたってくれたおかげで、大事に至らずにすんだ。翌日火元の家の者が大徳院に礼を述べに行ったところ、寺では和尚をはじめ、誰一人火事のことは知らなかった。それで、これは愛宕の神が大徳院の和尚に化けて鎮火してくださったと、人々が大いに感謝したという話です。これがいつごろに語られた昔話であるか、はっきりとはわかりませんが、少なくとも遠野において、古くから愛宕が火伏せの神として厚く信仰されてきたことは確かです。また愛宕の神が寺の和尚に化けて現れたという点も、神仏混淆であった時代の愛宕信仰の姿を髣髴とさせるようで大変興味深いものです。

また、長崎県佐世保市の相浦（あいのうら）というところに、愛宕山とよばれる円錐形の美しい山があります。標高は二百六十メートル程度ですが、山頂からの眺望はまさに絶景です。山頂には小さな祠があり、年に一度、二月二十四日から二十六日までの三日間、通常は麓の真言宗東漸寺（とうぜんじ）で祀られている愛宕勝軍地蔵が山頂まで運び上げられてご開帳されます。これが「愛宕祭り」とよばれる、佐世保で春を迎える恒例の行事です。相浦の愛宕勝軍地蔵は、必ずしも火伏せだけの信仰対象ではありません。家内安全や五穀豊穰、また漁師たちには、大漁や海上安全を叶えてくれる仏でもあるといいます。

このような愛宕にまつわる祭りや伝承は全国に分布し、愛宕はそれぞれの地域性に応じたさまざまな信仰対象として祀られています。愛宕信仰を論じるに、これからは関西だけを対象に考えていては決して十分とはいえません。日本全国を視野に入れ、かつ信仰内容も非常に多岐に及ぶ民俗信仰として愛宕信仰を考えてゆかねばなりません。さらに愛宕のみならず、秋葉や古峰の信仰、さらに三宝荒神などの屋内神を含め、火をめぐる民俗信仰を広く研究対象として取り込みながら、巨視的な研究を試みる必要があるでしょう。本書がそのための、小さな布石となることを切に願います。

末尾で恐縮ですが、本書の企画から出版にいたるまで、いつもながら大変尽力いただいた昭和堂編集部の松井久見子氏、見事なセンスで本書を美しく飾っていただいた、デザイナーの中川未子氏、そして、だれにも真似できない独自のアングルから愛宕の写真を撮り続け、今回も多くの写真を提供いただいた民俗写真家の出水伯明氏に対して、心から感謝申し上げます。

二〇〇六年一月　　雪を被った愛宕山を眺めながら

編者　八木　透

や行

ら行

わ行

な行

は行

ま行

た行

か行

さ行

索　引

あ行

■執筆者紹介（執筆順）

鵜飼　均（うかい　ひとし）　第１章、全体討論

佛教大学・京都造形芸術大学非常勤講師　亀岡市職員
おもな著作に、『愛宕山と愛宕詣り』（編著、京都愛宕研究会、2003年）、「成熟都市加悦の祭り」（加悦町合併50周年記念『加悦町史概要版　古墳公園とちりめん街道』所収、昭和堂、2004年）など

原島知子（はらしま　ともこ）　第２章、全体討論

日野町教育委員会町史編さん室嘱託
おもな著作に、「愛宕山と山麓集落」（八木透編著『京都の夏祭りと民俗信仰』所収、昭和堂、2002年）、「愛宕山の歴史」（八木透監修、鵜飼均編著『愛宕山と愛宕詣り』所収、京都愛宕研究会、2003年）など

前田一郎（まえだ　いちろう）　第３章、全体討論

大谷大学文学部非常勤講師
おもな著作に、「愛宕山坊人・愛宕法師・愛宕山家来」（八木透監修、鵜飼均編著『愛宕山と愛宕詣り』所収、京都愛宕研究会、2003年）、「龍潭寺における大蔵経請来」（『丹波史談』通算142号、口丹波史談会、2005年）

大森惠子（おおもり　けいこ）　第４章

日本山岳修験学会理事　元・佛教大学非常勤講師（執筆時は京都明徳高校教諭）
おもな著作に、『念仏芸能と御霊信仰』（名著出版、1992年）、『稲荷信仰と宗教民俗』（岩田書院、1994年）など

向田明弘（むこうだ　あきひろ）　第５章

南丹市日吉町郷土資料館学芸員
おもな著作に、「里山の生活誌——近江朽木谷のホトラヤマ」(八木透編『フィールドから学ぶ民俗学』所収、昭和堂、2000年)、「活きたアユを京に運ぶ——文化を運ぶ“わざ”と道」（亀岡市立保津文化センター編『「保」と「津」その歴史からみえるもの』所収、2005年）など

八木　透　第６章、全体討論

＊編者紹介参照

宮本袈裟雄（みやもと　けさお）　第７章、全体討論

武蔵大学人文学部教授
おもな著作に、『里修験の研究』（吉川弘文館、1984年）、『庶民信仰と現世利益』（東京堂出版、2004年）など

矢ヶ崎善太郎（やがさき　ぜんたろう）　補章

大阪電気通信大学工学部教授
おもな著作に、『図説日本の建築』（共編著、学芸出版社、2003年）、「藤井厚二の茶の湯と茶室」（中村昌生先生喜寿記念刊行会編『建築史論聚』所収、思文閣出版、2004年）など

渡邊　誠（わたなべ　まこと）　エッセイ、全体討論

愛宕神社宮司

■編者紹介

八木　透（やぎ　とおる）

1955年京都市生まれ。
同志社大学文学部卒業、佛教大学大学院博士課程満期退学。
現在、佛教大学歴史学部教授、世界鬼学会会長、日本民俗学会元理事、京都民俗学会理事・事務局長、祇園祭綾傘鉾保存会理事、京都府・京都市文化財保護審議委員。
専攻は民俗学。博士（文学）。
おもな著作に、
『婚姻と家族の民俗的構造』（吉川弘文館、2001年）
『愛宕山と愛宕参り』（監修、京都愛宕研究会、2003年）
『図解雑学・こんなに面白い民俗学』（共編著、ナツメ社、2004年）
『男と女の民俗誌』（共編著、吉川弘文館、2008年）
『新・民俗学を学ぶ』（編著、昭和堂、2013年）
『京のまつりと祈り』（昭和堂、2015年）
『日本の民俗信仰を知るための30章』（淡交社、2019年）　ほか多数。

京都愛宕山と火伏せの祈り

2006年3月30日　初版第1刷発行
2019年6月25日　初版第2刷発行

編　者　八木　透
発行者　杉田啓三

〒607-8494　京都市山科区日ノ岡堤谷町3-1
発行所　株式会社 昭和堂
振替口座　01060-5-9347
TEL (075) 502-7500 ／ FAX (075) 502-7501
ホームページ http://www.showado-kyoto.jp

印刷　太洋社

ISBN 4-8122-0538-7

内藤正明・嘉田由紀子 編
滋賀県発！持続可能社会への挑戦
——科学と政策をつなぐ
本体3000円

山本早苗 著
棚田の水環境史
——琵琶湖辺にみる開発・災害・保全の1200年
本体5200円

河野忠 著
名水学ことはじめ
——自然・人文科学の観点から
本体2500円

宮本結佳 著
アートと地域づくりの社会学
——直島・大島・越後妻有にみる記憶と創造
本体4200円

安井眞奈美 著
出産環境の民俗学
——〈第三次お産革命〉にむけて
本体3200円

桑山敬己 編
日本はどのように語られたか
——海外の文化人類学的・民俗学的日本研究
本体5000円